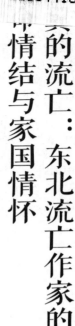

东北流亡文学史料与研究丛书·研究卷

美的流亡：东北流亡作家的情结与家国情怀

林静怡 著

北方联合出版传媒（集团）股份有限公司
春风文艺出版社
·沈 阳·

主　编　张福贵
研究卷主编　韩春燕

图书在版编目（CIP）数据

左翼的流亡：东北流亡作家的革命情结与家国情怀/
林静怡著. —沈阳：春风文艺出版社，2021.12
（2024.1重印）
（东北流亡文学史料与研究丛书）
ISBN 978 - 7 - 5313 - 6151 - 0

Ⅰ. ①左… Ⅱ. ①林… Ⅲ. ①作家 —人物研究 — 中国
— 现代 Ⅳ. ①K825.6

中国版本图书馆CIP数据核字（2022）第011665号

北方联合出版传媒（集团）股份有限公司
春风文艺出版社出版发行
沈阳市和平区十一纬路25号　邮编：110003
河北浩润印刷有限公司印刷

责任编辑：姚宏越	责任校对：陈　杰
封面设计：马寄萍	幅面尺寸：155mm × 230mm
字　　数：120千字	印　　张：9.5
版　　次：2021年12月第1版	印　　次：2024年1月第2次
书　　号：ISBN 978-7-5313-6151-0	
定　　价：49.80元	

目　录

绪　论

一、何为流亡

　　抗战时期东北流亡文人的流亡体验与文学书写，是对东北流亡文人1931—1945年间的流亡书写进行研究，以"流亡"为切入点，对东北流亡文人的书信、日记、随笔等资料进行解读，了解东北流亡文人流亡途中遭遇的身份危机与相应的流亡体验，以此为指导对其流亡书写进行研究和阐释。在进入本书正文的写作之前，先对本书中出现的关键性概念进行界定。

　　首先是对"流亡"概念的界定。《辞海》解释"流亡"是因灾害或政治上的原因而被迫离开家乡和祖国的意思。根据这个解释，我们可以认定对"流亡"有两种理解：一种是因为灾害原因，不得不离开家乡或祖国，属于被迫行为，《诗经》中的《诗经·大雅·召旻》中就曾出现过"流亡"一词："旻天疾威，天笃降丧。瘼我饥馑，民卒流亡。"大意是说："老天发威，暴虐降罪，灾害频发。饥荒到处都是，百姓不得不四处流亡。"这种"流亡"即是因为灾害原因而被迫背井离乡，走上流亡之路，人群涵盖面比较广，在灾害前各个阶层、各个行业的人都需要离开原籍另谋出路。另一种理解则是由于政治原因（包括阶级、政党、民族、宗教问题）而离开家乡，这种流亡可以分成三种类型：一是民族和政权问题，改朝换代，知识分子恐受迫害，比如"靖康之难"后，中原士大夫南迁避祸，如吕本中所言"共谈江南胜，闭眼想去路"。二是因各种权力斗争或是触犯禁忌，被朝廷或当政者流放以及派遣于荒僻之地的流亡，如清朝时期的东北流人，顺治十六年（1659年），流人钱威所说"塞外流人，不啻数千"。三是因政见不合被排挤，心有愤懑而远离朝堂、四海游荡的文人，屈原在《楚辞·九章·哀郢》中叹道："皇天之不纯命兮，何百姓之震愆。民离散而相失兮，方仲春而东迁。去故乡而就远兮，遵江夏以流亡。"这是中国古代文人流亡的主要原因。

不仅是在中国文学史上，流亡书写占有一席之地，在西方文学史中，流亡的传统也并不罕见。自荷马的《奥德修纪》开始，充斥着危险、孤独、刺激与诱惑的流亡之路便已出现，生存的需要、抗争的使命、未知的路途……流亡蕴含着说不尽的多重主题，也有无数复杂的成因。勃兰兑斯在《十九世纪文学主流第一分册：流亡文学》一册中写道："在十八世纪和十九世纪之交，

法国发生了空前规模的社会动乱和政治动乱……在这两大暴政期
间，一个法国文人，只有远离巴黎……才能从事他的创作活动。
只有在这些地方，独立思考的法国人才能存在，也只有独立思考
的人才能创造文艺、发展文艺。"勃兰兑斯指出的即是因为政治
原因所导致的文人流亡行为，他们多是由于不堪暴政，或是反对
当时的社会秩序而踏上流亡之路，这些流亡文人精神上多崇尚
"自由和荣誉"。托马斯·佩乌尔则是从本体论的视角指出："流
亡的基本特点必然包括强迫离乡、宗教与政治的动因，以及对返
回故土的可能性的信念这三方面。"西方国家近现代的流亡又多
以知识分子的流亡为主，①这些知识分子身上带着强烈的反抗精
神，他们渴望保持创作和研究的独立性，反对索然寡味的思考、
精确的运算和受到条条框框和死的传统窒息的文艺……因此这些
流亡者的作品更有生命，更有感情，也更有急躁不安的力量。这
种力量在西方从未停止，除了作为身体的空间配置形式的物理流
亡，对现代性进行传播，还有一种隐喻性的精神流亡，正如爱德
华·W.萨义德在《知识分子论·知识分子的流亡》中所言："流
亡既是个真实的情境，就我的目标而言也是个隐喻的情境……"
这种隐喻性流亡，具有存在主义特点，流亡带给作家的不仅仅是

---

① 朱骅. 流亡文学的本体论思考 [J]. 江苏大学学报社会科学版，
2015：74 "1933 年希特勒上台后，以布莱希特（Bertolt Brecht, 1898—1956
年）等为代表的逃离德国的知识分子达到了规模化的比例，在 1933—1938
年间总计有三千一百二十个学者离开德国，包括社会科学领域百分之四十一
的全职教授、法律界百分之三十六的教授。"

身体上的位移活动，更给作家带来了痛苦不堪的精神困扰。及至近代，西方文人以及知识分子的流亡多由身体上的流亡转变为精神上的流亡，在身体的流亡过程中，不断接近并探索现代性，完成自我塑造。

东北流亡文人与西方近代流亡文人流亡的特点、选择和境遇有所不同。东北流亡文人的"流亡"主要是发生在外敌入侵、众人失去家园的背景下，是一种带有明显社会功利性的流亡，它并非一种自我放逐，而是具有被迫性、主动避祸性、爱国性和抗战性的。其一，就流亡的被迫性而言，指的是部分东北文人主体在受到外界迫使的情况下产生了流亡行为。东北沦陷，日本帝国主义侵略者在东北大地上烧杀奸掠，实行军国主义的统治方式，在经济上运用"以战养战"策略，剥削挤压东北地区劳动力，东北流亡文人合理合法的工作秩序受到严重干扰，东北流亡文人作为想要进行反抗、为国发声的文人群体，他们受到日本侵略者和伪满洲国的双重迫害，生命与财产安全受到威胁，因此他们不得不离开东北，踏上流亡之路，这是东北流亡文人流亡的被迫性。其二，东北流亡文人具有主动避祸性，此处的"祸"指的是日本侵略者带来的经济、政治和文化等方面的祸乱，日军在东北地区大肆宣扬"共荣共和"的亲日观念，并推行日语教育，对文人创作进行严格管控，东北流亡文人为了保持创作自由以及人格独立，也需要走上流亡之路。其三，是东北流亡文人的爱国性，这也是东北流亡文人区别于西方近代文人流亡的显著特征，东北流亡文人的流亡时刻肩负着收回家乡、号召民众群起抗日的使命，具有强烈的社会功利性，而西方近代文人的流亡能够打破家与国的限制，进而走向形而上的哲思层面，是面向全人类的精神与自我的流亡，对他们而言，"流亡"不仅意味着无边的焦虑与孤独，更是象征着更加开阔的文化视野与更深切的人类关怀，[①]显然这是东北流亡文人所不具备的。其四，抗战性也在东北流亡文人的流亡书写中得到了很好的体现，东北流亡文人在流亡途中虽然并非都投身革命，以革命战士的身份而存在，却都在作品中倾注着强烈的国恨家仇，有扫除倭寇、恢复家乡的决心和气魄。总而言之，虽然东北流亡文人的社会功利性流亡与隐喻性流亡有本质区别，但由于身体上被迫位移带来了陌生化体验，又丧失原初身份，遭遇了身份危机，东北流亡文人也遭受着严重的精神困扰，不过这种精神困扰促使他们对于现代性方面进行的开掘又是浅尝辄止的。

其次是对东北流亡文人进行界定。本书的研究对象东北流亡文人是指1931年"九一八"事变后，先后流亡到关内的一系列东北作家，主要包括穆木天、李辉英、萧红、萧军、端木蕻良、舒群、白朗、罗烽、骆宾基、孙陵、马加等，其中又以穆木天、李辉英、萧红、萧军、端木蕻良、舒群、白朗、罗烽的流亡书写数量最多，更具代表性，留下的文献资料与作品创作更为丰富。本

---

① 周计武. 流亡与认同 [J]. 周宪主编. 文化与认同：跨学科的反思 [C]. 北京：中华书局，2008：298

书研究所使用的流亡书写文本主要有：《穆木天诗文集》（时代文艺出版社，1985 年 12 月第 1 版）、《李辉英文集》（华夏出版社，2000 年版）、《萧红全集》（哈尔滨出版社，1991 年版）、《萧军全集 1》（华夏出版社，2008 年 6 月版）、《萧军全集 2》（华夏出版社，2008 年 6 月版）、《萧军全集 4》（华夏出版社，2008 年 6 月版）、《萧军全集 11》《萧军全集 14》（华夏出版社，2008 年 6 月版）、《萧军全集 18》（华夏出版社，2008 年 6 月版）、《萧红书简》（上海人民出版社，2015 年版）、《端木蕻良文集 1—4》（北京出版社，1999 年 5 月版）、《端木蕻良文集》（华夏出版社，2000 年版）、《罗烽文集 1—2》（春风文艺出版社，1983 年版）、《白朗文集 1—4》（春风文艺出版社，1985 年版）、《舒群文集 1—4》（华夏出版社，2000 年版），这些作品主要创作于 1931—1945 年间，属于东北文人离开家乡流亡关内或国外时期的创作，从体裁来看包括小说、散文、诗歌与日记随笔，是最能体现东北流亡文人流亡体验及流亡书写特征的文本。

最后是对"流亡体验"的界定。流亡体验是指东北流亡文人流亡途中的体验，"体验"一词，其英文是"experience"，德文原作是"erlebenis"，一般是指人的经验感受，但德文的词根"leb-en"的含义是"生命""生活"，也就是说，体验并不仅仅是一般的感受、经验和知识，而是"以身体之，以心验之"，东北流亡文人的流亡体验绝不是简单的感受与经验，它是一种流亡途中的身体与心灵相联系、主客观相交融的一种状态。

二、研究现状

东北流亡文人的流亡书写是在国破家亡的社会背景与颠沛流离的流亡环境中进行的，一直以来，东北流亡文人的书写以其振聋发聩、可歌可泣的思想性，及其在抗战文学史中的重要位置被人熟知，对东北流亡文人单个作家作品的研究也十分丰富，对东北流亡文人书写的研究主要可以分为以下三大部分。

一是在比较性视域下对流亡文学的研究著述，以及将抗战时期东北流亡文学与其他时代、种族的流亡文学进行比较。文人流亡并在流亡过程中进行文学书写并不只是出现在现代中国，国外也早已经有关于流亡文学的系统著述。勃兰兑斯的《十九世纪文学主流第一分册：流亡文学》（人民文学出版社，1997年版）、《十九世纪波兰浪漫主义文学》（人民文学出版社，1980年版）都对流亡文学做了大量论述，也是我们研究东北流亡文学的重要参考书目。萨义德的《知识分子论》（北京三联书店，2016年版）第三章《知识分子的流亡》对现代知识分子流亡问题进行研究，详述了知识分子流亡的处境、特征以及流亡对知识分子的影响。在中国古代亦有流亡文人的文学作品。如中国社会科学院刘士杰撰写的《生命体验使诗歌永生——中国古代流亡诗人现象试析》〔《文学遗产》2004（03）〕，在这篇文章中他对文人流亡的原因、流亡与诗学之间的关系进行论述，得出结论"写诗不能率尔操舣，而一定要有真实深刻的生命体验，才能进入创作"，东北流亡文人正是在流亡途中获得了不同于常人的流亡体验，并将这种体验融入文章的创作。朱骅的《流亡文学的本体论思考》〔江苏大学学报社会科学版，2015（11）〕则是从本体论角度说明反抗的精神价值、失去社会影响力的焦虑、故园情怀和一定程度的文化民族主义在不同语境的流亡文学中的体现。毫无疑问，在东北流亡文人的流亡书写中，反抗性、失去身份的焦虑、故园情怀与文化民族主义也都存在。周计武在《流亡与认同》〔《文学理论评论》，2007（05）〕中从殖民理论、后殖民理论的角度来对流亡进行阐释，周计武提到的"流亡的认同话语"实际上在东北流亡文人的流亡书写中便可以见到。杨帆的《疏离与融合：东北流亡文学与俄侨华语比较研究》〔《哈尔滨工业大学学报社会科学版》，2017（09）〕一文对东北流亡文学与俄侨文学的创作背景、审美倾向进行研究，认为：东北流亡作家与俄侨作家的作品大都依托东北地区而创作，风格或冷峻或热烈，都讲述了自己流亡生活的痛苦与对故土的眷恋，二者之间既存在明显的不同，又有着潜在的共通性。金昌镐的博士毕业论文《苦难的岁月互补的文学——沦陷时期中国东北与韩国文学比较研究》（东北师范大学，2003年）将沦陷时期的东北流亡文学与韩国流亡文学进行比较研究，得出结论二者都有反抗倾向，他们一方面用自己的笔来揭露日本侵略者的残暴统治，另一方面则是以强烈的反帝意识号召人民进行反抗，虽然研究内容不够深入，却为我们提供了广阔的学术视野，将东北流亡文人书写纳入世界流亡文学的轨道进行研究，分析东北流亡文人书写的独特之处与流亡文学的共同特点。范庆超的博士毕业论文《东北流亡文学与沦陷区文学比较研究1931—1945》（中央民族大学，2011年）则是在同一社会文化背景下对东北流亡文学与东北沦陷区文学进行研究，分析二者之间的差异与共通性。

二是以宏观性视角对东北流亡文人流亡书写的思想性、艺术性与美学思想进行概括和归纳。20世纪80年代之后，对东北流亡文人的研究逐渐成为学界一大热点，归纳法在这一研究中被广泛使用。1983年，白长青撰写的《论东北流亡作家群的创作特色》（《社会科学辑刊》）标志着对东北流亡作家进行的群体性研究拉开了序幕，论述了东北流亡文人群体形成的年代、社会历史背景，并对东北流亡文人群体的创作思想和艺术特征进行概括，也对东北流亡文人文学书写的价值和作用做出了评价。白长青还提出，对东北流亡文人作家作品综合性的系统研究还有待加强。此后，1987年王培元撰写了《抗战时期文学研究谈片》发表于《中国现代文学研究丛刊》，1989年在《社会科学辑刊》发表《对东北作家群小说创作的再认识》，从东北流亡文人作品的历史深度、思想深度与审美表现等多个方面的优劣性进行探讨。1992年，沈卫威出版了专著《东北流亡文学史论》，在这一专著中，沈卫威大胆使用了"流亡文学"的概念，并以此作为全书立论的依据和提纲，从东北流亡文学的发生发展、创作特性与抽样分析三大方面进行了论述，在这一著述中，沈卫威综合运用了现代心理学、文学地理学等方法对东北流亡文学的生成和特点进行研究，沈卫威对东北流亡文学的一系列研究奠定了东北流亡文学研究的基础。他全面而系统地对东北流亡文学的概念、生成、发展阶段、文学观念、东北流亡文人的心理结构等内容进行了梳理。1995 年，逢增玉的《黑土地文化与东北作家群》（湖南教育出版社，1995 年）问世，这部专著从东北地域文化概说、历史文化和审美视角下的特殊人生评判、东北区域文化与东北流亡文人创作的二重结构、特征等方面进行了剖析和阐释，详细论述了东北流亡文人的现实态度与文学态度，崇尚自由的文化基因以及东北流亡文人的人格形态和文学表现。逢增玉的《流亡者的歌哭——论三十年代东北作家群的创作》（《文学评论》，1986）从流亡的角度考察东北流亡文人的感情的沸扬、思想的基点和审美追求。丁帆、李兴阳 2007 年刊发的《"流亡"文学群体的民族意识与生命意识——论东北作家群的乡土小说》（《求是学刊》，2007）一文对东北流亡文人作品中的民族意识与生命意识进行了探讨，对其乡土叙事话语、社会批判与文化批判性都做出了论述。2012 年宋喜坤在《文艺评论》中发表《白山黑水灵气的凝结——东北作家美学思想新探》，对东北流亡文人的美学思想进行概括。2016 年冯波发表文章《抗战时期东北作家的流亡乡愁》（《关东学刊》，2016），以流亡的乡愁作为全文书写的中心。以上的研究著述都从东北流亡文人群体性的角度出发，对东北流亡文人的流亡书写进行研究，对东北流亡文人书写的创作背景、审美思想、艺术特质、主题意旨等方面都研究得相对全面。

三是经过文本细读，或者是通过作家论、作品论的方法对东北流亡文人流亡途中的个体心态、流亡书写的艺术特色与创作思想进行研究。如1998年张毓茂发表于《社会科学辑刊》的《萧军创作综论》，陈娟2005年发表在《北京大学学报》的《萧军的小说与侠文化精神》，2007年《中国现代文学研究丛刊》中的《精神界的流浪汉——延安时期的萧军》，2010年程义伟的《"土匪文化"与现代作家萧军的身份认同》（《小说评论》，2010）等文章，分别对萧军流亡时期的文学创作的精神文化特质进行研究。2003年王富仁发表的《文学沧桑话端木蕻良小说论》（《中国现代文学研究丛刊》，2003），评述了端木蕻良小说的独立性、心灵的真实性与艺术性，肯定了端木蕻良小说的研究价值。随后王富仁又在《文艺争鸣》发表端木蕻良研究系列文章《三十年代左翼文学·东北作家群·端木蕻良》，对端木蕻良的文学史地位与其作品的文学史价值进行重估，并对其作品特色加以论述。胡慧明的《萧红创作心态论》（《求索》，2002）将萧红的生平经历、体验遭遇和文本细读相结合，对萧红流亡期间的创作心态进行研究。同样，吕若涵的《心灵的变奏从散文创作看萧红的心态流变》（《福建师范大学学报社会科学版》，1994）也是通过对萧红流亡散文的阅读来对其心态的流变进行研究。

通过对东北流亡文人的研究进行梳理和分类，可以发现，这些著作与批评文本为我们研究东北流亡文人的流亡体验与"流亡书写"提供了基本的观点与方法，但是目前以"流亡"作为切入点来对东北流亡文人进行研究的文献与研究并不多，且多数涉及流亡的研究都是把流亡作为研究中的一个小的背景，尤其是对东北流亡文人的整体性研究，涉及"流亡"内容的论述分量更轻，但东北流亡文人流亡时间长，空间跨度大，流亡作为背景而言带给他们的影响并不逊于战争，因此对东北流亡文人的流亡体验及其书写进行研究实属一个值得探索的领域。

三、研究价值

首先，从文学层面来看，东北流亡文人流亡书写具有深厚的文学史价值。东北流亡文人的流亡书写是对特定历史时期的独特心灵体验的镜像表现，对抗战时期东北流亡文人的生存环境与当时社会环境具有还原作用。一直以来，学界对东北流亡文人的研究更多地集中在"东北作家群"这一层面的研究，研究"东北作家群"所具有的共性和特性，但本书的《抗战时期东北流亡文人的流亡体验与流亡书写》（1931—1945）超越了现有的对"东北作家群"的研究，以东北文人特定历史时期的流亡经历作为切入视角，重新审视东北流亡文人的流亡书写。中国的流亡文学一直存在，但近现代的流亡文学鲜有系统而全面的整理，东北流亡文学就是中国现代流亡文学的一个重要的组成部分，本书通过对东北流亡文人的流亡体验与流亡书写进行研究，以期为东北流亡文学的研究献出一份力量。

其次，从文化层面来看，东北流亡文人的流亡书写具有深厚的文化价值。东北流亡文人的流亡书写中蕴含着红色文化基因，他们的流亡书写中有大量文字实际上是对东北地区地域景观、文化、民俗与传统的再现，他们在作品中对故乡的每一次回望都饱含着对黑土地文化的热切怀念或冷静审视，因此，东北流亡文人书写超越了一般的地域性文学书写现象，它实现了地域性、民族性的统一，体现出了东北流亡文人身上的抗争精神与英雄意识。除此之外，东北流亡文人书写中的爱国性本身就蕴含着红色文化基因，传承好红色文化基因，凝聚奋斗的伟大力量，就有助于培养东北地区人民的文化自信，找到振兴东北的精神内核，从而将精神力量转化为改变世界的力量，创造出新时代的光辉业绩。

再者，从跨学科研究的角度来看，东北流亡文人的流亡书写实际上也是关内文化与关外文化的一次碰撞融合。我国作为一个多民族历史文化传统国家，在当下人口流动的大形势下也面临着不同类型的文化之间的碰撞与交流问题，从东北流亡文人的流亡体验与书写中我们可以洞悉到流动中的社会群体，在不同维度上所产生的社会认同的原因、背景以及造成的影响，比如民族认同、性别认同、阶级认同等内容，从而为研究认同危机、认同重建提供经验。本书也将跨学科研究的方法应用到了对于"抗战时期东北流亡文人的流亡体验和流亡书写"的研究中来，将现代心理学理论（如"动机—冲突"理论，马斯洛的"需要层次理论"等）引入东北流亡文人流亡体验的分析与研究当中，结合一手文献资料，对东北流亡文人的流亡体验与心态进行研究，丰富现有的对东北流亡文人进行研究的方式和方法。

最后一点是对文学"亲历现场"精神的提倡，对东北流亡文人书写中的优缺点进行反思，提倡文人的实践精神，当代文学作者要跟东北流亡文人一样，从自己的真实体验出发，联系时代，感受环境，讲好东北故事，做东北文化的传述者。

第一章　流离之音因何而生：
东北流亡文人流亡书写生成语境

东北的黑土地富饶、肥沃，有冰雪连绵的山，奔腾不息的河，一望无际的田野和莽莽苍苍的草原，这片土地是东北人民赖以生存的家园。然而帝国主义侵略者的铁蹄肆意践踏，彻底终结了东北人民宁静祥和的生活，从此他们陷入了战争的水深火热当中。"在满洲，在那血染的森林和原野里……是有多少母亲，在想着她们的儿子，是有多少的妻子，在想着她们的丈夫，望着被蹂躏的大地，心中流着酸泪。"①民族受辱，家园凋敝，社会重压，同胞受害，为了心中的民族理想和创作诉求，一部分东北文人被迫走上流亡之路，开始了饱含着血泪控诉和流亡之音的书写。

---

① 穆木天. 穆木天诗文集 [M]. 长春. 时代文艺出版社，1936：99–102

一、"铁血主义"占东北：日本军国主义统治与尖锐民族问题

东北文人流于关外的一大直接原因便是日本在东北地区的军国主义统治。日本是一个尚武的国家，丰臣秀吉结束了日本国的分裂局面，完成了日本的再度统一，然而区区弹丸小国之地无法满足他膨胀的野心，所以他狂妄地提出了"征讨朝鲜、进占中国和印度"的"丰臣三策"，虽然他的侵略行为均以失败告终，但他疯狂的侵略扩张思想却深植于日本诸代统治者的思想之中，军国主义在日本本就有其根源，再加之历代日本政治家和思想家的推崇和解读，更使军国主义内化成为大和民族的民族性格。"明治维新"是近代日本发展的重要转折点，急需发展的政治经济和军事受到了疆域的限制，这就刺激了日本对外侵略的野心，此时的日本信奉"强权即公理"的政治信条，将"尚武好战"的精神落实到国家政策与军事行动之中。所以自"明治维新"时起，日本的军国主义便作为一种意识形态或者说是政治制度而存在。对外扩张的狂热，加之日本政府宣称"爱国与忠君同源，与敬神崇祖一致"，在此种道德标准下，凡是"为国捐躯"者，都被奉为"忠君爱国"的典范。甲午海战、日俄战争、一战，日本军队真正成为天皇手中的一把尖刀，这把尖刀直刺中国的土地，给中国人民带来了无穷的苦难和屈辱。

1931年，9月18日夜里的一声炮响，惊醒了睡梦中的奉天城人民，也彻底炸毁了东北人民的平静生活。但日本帝国主义侵华的暴行，却不仅仅是从"九一八"事件开始的。1927年的"东方会议"，日本人的野心昭然若揭，决心用铁血手段将东三省纳入他们的控制当中。①为了保障他们在东北的利益，关东军河本大作、东宫大尉等人密谋执行了"皇姑屯事件"，致使奉天军统帅张作霖死亡，实际上是日本想要为其在东北的统治扫清一切障碍。辽宁省警务处处长黄显声在1931年8月通过情报推测日军即将要有侵华的行动，黄显声不肯坐以待毙，将沈阳库存的二十余万旧枪支配发下去，扩充编队，配发子弹，为后来辽宁各地区的义勇军抗战创造了有利条件。1931年9月，日本悍然发动了"九一八"事变，北大营被迫击炮轰炸，死伤官兵数目众多，更令人发指的是关东军在沈阳城墙上向城内射击，视东北人民命如草芥。

　　"九一八"当晚，面对日军的进攻，驻守沈阳北大营的东北军独立第七旅部分官兵忍无可忍被迫自卫还击，发东北地区"九一八"武装抗战先声。"九一八"之后，东北军民出于民族义愤，积极投入抗敌救国的活动之中。10月下旬，凤城县公安局长

---

　　① 中央档案馆. 中国第二历史档案馆. 吉林省社会科学院. "九一八"事变［M］."东方会议"内容："东三省是亚洲的一个政治上不完整的地方，我日本如欲保护自己的安全，并进而保护他国居民的安全，就必须使用铁血，这样才能突破当前的困难局面。"

邓铁梅在辽东等地区组织建立"东北民众自卫军",与日伪军频繁作战,重创日伪军。东北边防军驻黑龙江省副司令官马占山于1931年10月22日发出抗敌誓言"凡侵入我境者,誓决以死战","江桥一役"就表明了马占山作为中国军人誓死守卫疆土的决心,守卫三间房阵地时马占山通电全国"占山守土有责,一息尚存,绝不敢使尺寸之土,沦于异族"[①],马占山所带领的军队虽拼死抵抗,但人数和装备均处于下风,因此义勇军死伤惨重。由于南京国民政府对日军侵略东北采取不抵抗政策,马占山一军终在孤立无援的绝望之中退入苏联境内,齐齐哈尔被日军占领。[②]在这种事关民族存亡的危急时刻,中国共产党人意识到日军侵略问题的严重性,派出一批共产党员以及共青团员深入东北地区开展抗日武装斗争,一再发出"在东北地区武装抗日、收复失地"的号召,东北地区军民群情激昂,各阶层人民和爱国官兵纷纷加入抗日武装,顽强抵抗侵略者,当时有多个名称的爱国武装组织,如"义勇军""自卫军""救国军"等,这些爱国武装组织被统称为"东北义勇军"。"东北义勇军"乃至1932年"义勇军"余部所组成的东北抗日联军,为抵御日寇、抗击外敌做出了艰苦卓绝的斗争,心怛怛如焚炙,身九死其未殇,他们用自己的血肉之躯铸就东北抗敌的堡垒。正如《义勇军进行曲》中所唱:"起来!不愿做奴隶的人们,把我们的血肉筑成我们新的长城!……"《义勇

---

① 纪录片. 大揭秘——东北义勇军 [CD]. 2015. 08

② 纪录片. 大揭秘——东北义勇军 [CD]. 2018. 08

军进行曲》正是 1935 年拍摄的电影《风云儿女》的主题曲，这部影片中的主人公是"九一八"事变之后逃出东北的两个爱国知识分子梁质夫和辛白华，梁质夫一直投身于爱国革命斗争，最后被敌人杀害，而辛白华早期沉迷于风花雪月，后来在流亡过程中逐渐成长，因挚友梁质夫的牺牲最终彻底觉醒走上抗战之路。

"九一八"之后的东北地区政治环境黑暗，民族矛盾愈加尖锐。日军对东北义勇军恨之入骨，欲除之而后快，1934 年 5 月邓铁梅因被叛徒出卖而被捕，面对着敌人的严刑拷打，邓铁梅慷慨陈词"五尺之躯何足惜，四省失地几时收"，英勇不屈，最终壮烈牺牲，将一腔热血洒给了他为之战斗过的白山黑水。日本侵略军残酷镇压绞杀东北义勇军和抗联战士，东北的这些爱国将士们在天寒地冻、缺衣少食、武器装备缺乏的状态下与日军以命相拼。[①]著名爱国将领杨靖宇将军对日伪军进行"讨伐"作战时，被叛徒出卖，导致他身陷重重包围圈，弹尽粮绝，顽强坚守，最后身中数枪英勇就义。日本侵略者深知诛人必先诛心之道，即便

---

① 李敏. 风雪征程——李敏回忆录 1924—1949 [N]. 哈尔滨：黑龙江人民出版社，2012：349-360 据抗联女战士李敏回忆：日军趁着大雪封山围剿抗联部队，阻击中指导员裴成春身负重伤，但她毅然决然地对李敏等人说："你们快走，我在后面掩护！"李敏在没膝的雪地中艰难开路，觉得身后没人跟来，她一转身才发现刚突出重围的队友再次被日军包围，她被迫滚进雪窝窝里隐蔽起来，才捡回一条命，这次战斗，一整个排的女兵只有李敏一个人活了下来，战友的鲜血染红了整片雪岭。

杨靖宇将军已经殉国，日军仍旧丧心病狂地砍下了杨将军的头颅，带着杨将军的头颅游街示众、宣传演讲，借此惨绝人寰的手段恫吓、威慑东北军民，实现其军国主义统治的目标，日本侵略军的凶残与暴虐由此可知。除此之外，日本侵略军在东北地区，对百姓也犯下了罄竹难书的滔天罪行，在长春活埋中国被俘人员两百余人，还制造了惨绝人寰的抚顺近郊"平顶山惨案"，屠杀普通村民两千余人……东北的民众，是天天在那里遭受屠杀。飞机天天掷炸弹在他们头上，大炮天天向着他们袭击。像"一·二八"那样的大屠杀，在东北是整整地干了两年了。①桩桩件件血泪惨案使不甘沦为奴隶的东北人民奋起抵抗，同胞流的每一滴血每一滴泪也都重重地叩击在东北文人的心头，使他们无法做"能忍者"，但他们的处境同样岌岌可危。

东北地区的文人受到了残酷的统治，作家金人在文章中写到当他知道自己一个诗人朋友入了狱时，他并没有什么特殊的感觉："因为四五年来，我看的，我听的，我受的，已经使我完全陷入麻痹状态中去，我对一切的残忍、狠毒、虐待都已不感觉到惊奇了。"②由此可见日军与伪满政府对东北文人迫害之惨烈。罗

---

① 穆木天. 穆木天诗文集［M］. 长春：时代文艺出版社，1985：213–225

② 金人. 1931—1945年东北抗战文学：第八卷散文卷［M］. 1937：223–224

烽说"不幸生在满洲,仿佛唯有死才是唯一的活路"①,便道出了东北文人在满洲地区的危险处境——日本在东北地区不仅实行军国主义统治,还扶植傀儡政府,建立伪满洲国。迫于日本人与伪满政府的双重压力,东北人民处于水深火热之中,东北文人更是处于风雨飘摇的紧张之中。这些具有民族意识的东北文人对日军的残暴行径进行控诉,但严酷的军国主义统治之下岂会有这些满腔热血急于发声的东北文人的安身之所?诚如穆木天所言"帝国主义的残酷的火焰,使多少人从极北流浪到极南……"②这便是东北流亡文人走上流亡之路的主要原因之一。

二、"以战养战"经济掠夺:东北民不聊生,文人生路受阻

日本帝国主义对我们在经济上的干涉和压迫实际上起始较早,"1930年,吉林社会里,就越发呈现出紧张的现象。吉海与吉敦的接轨问题……南满铁路屡屡开会,帝国主义者变本加厉地来干涉压迫我们。东北遍地是日本的药房,当铺,卖的是枪械子弹,是鸦片,吗啡……打吗啡的,是不计其数,有的人甚至将骸

---

① 罗烽. 真理以不朽的棺椁安葬了他 [N]. 1937
② 穆木天. 穆木天诗文集 [M]. 长春:时代文艺出版社,1985:168-170

骨抵押给药房换得吗啡来陶醉自己……"①这种现象如同日本人培育在东北地区的大毒瘤，严重损害着东北地区人民的生命安全和经济利益。这也是日本人为侵略中国全境埋下的伏笔，早在1927年的"东方会议"中日本就曾提出"欲征中国必先征东北"②，先占领东北地区，控制东北地区的经济。

东北流亡文人李辉英的《万宝山》通常被看作是中国现代文学史上最早反映"九一八"事变前东北民众生活状态与抗争历程的文学作品，这是一部纪实性的作品，从这部作品当中我们可以看出：日本人对于东北地区的侵略不仅仅是军事占领，究其本质还要掠夺东北丰富的自然资源与粮食资源，要将东北打造成日本的"粮食之仓""矿产之都"。东北地区地广人稀，土地肥沃，资源丰富，于是自然成为近代西方列强争相瓜分控制

---

① 穆木天. 穆木天诗文集 [M]. 长春：时代文艺出版社，1985：213

② 中央档案馆. 中国第二历史档案馆. 吉林省社会科学院. "九一八"事变 [M]. "东方会议"资料内容：如欲征服中国必先征服满蒙；如欲征服世界，必先征服中国。倘若中国完全被我国征服，其他如小亚细亚、印度、南洋等地异服的民族必然会敬畏我国而向我投降，使全世界认识到亚洲是属于我国的，而永远不敢侵犯我国。这是明治大帝的遗策，也是我大日本帝国存立的必要大事。考虑我国现状和将来，如欲建立昭和新政，必须采取积极夺取满蒙利权的方针，并借利权发展贸易。这样，不仅能制止中国工业的发展，还能避免欧美势力的东渐，良策妙计莫过于此。满蒙利权果真归我所有，那么，就可以用满蒙做基地，假借贸易来征服中国四百余州，就可以利用满蒙的权利作为司令塔来攫取整个中国富源，再利用中国的富源，政府印度及南洋群岛，并进而征服中小亚细亚以及欧洲。我大和民族为了向亚洲大陆发展，第一个重大关键就在于掌握满蒙利权。附录有"东方会议"的详细经济侵略策略。

之地。为了掠夺东北地区优质的木材、矿产和粮食资源，沙皇俄国在东北建立起中东铁路。1905年，日俄战争沙俄战败，故而将中东铁路南满支线的经营管理权移交日本，中东铁路成为日俄两国进行经济掠夺的重要渠道。尝到了战争红利甜头的日本，仿佛是杀红了眼的野兽，疯狂啃噬东北的土地与资源，实行"以战养战"的策略。1931年7月，日军在吉林长春万宝山地区挑起东北人民与朝鲜人的争端，意欲借朝而排华，企图混淆视听，侵占肥沃富饶的万宝山地区，以此为其经济、军事和国防要冲，据日本东京蔡智堪秘密情报内称："万宝山者乃帝国既得权利在长资铁道沿线地，不营为长责路未来之附属地，此地与长春市之繁荣及军事、政治、经济大有其关系。观其广野千里，大豆、高粱、番薯等之繁茂，一见而知其为肥沃地带。……倘该地方之广大，我如能扶持其势力，则万宝山一带及伊通河流域，一变而可为我日本势力之新天地，将来欲制其中华方面在长春市之繁荣者，吾人确信无有其难事。"①而对于东北人民忍无可忍保护田地的合理举动，日警开枪射击，并进一步扩大宣传，激起朝鲜人排华的情绪酿成惨剧，《万宝山》就是基于这一历史事件的创作。

"九一八"事变，日本侵略军在沈阳城疯狂抢掠金银钱财与武器军械，给沈阳带来了巨大的损失，如下图所示：

---

① 辽宁省档案馆. 民国档案. 日军在辽吉两省寻衅并挑起"九一八"事件档案史料［N］. 1998

表1-1 "九一八"沈阳经济损失明细

损失项目	具体损失情况及数目
军械物资	（1）飞机：262架 （2）炮：309门 （3）战车：26辆 （4）机关枪：5864挺 （5）步枪、手枪：118206支 其他枪炮弹药、被服、粮食无数
官银号金银钱财	（1）奉大洋：15801749.34元 （2）奉小洋：161094.95元 （3）法大洋：30400.00元 （4）现大洋：702669.08元 （5）金票：32.92元
机关损失	（1）民政机关损失3685万大洋 （2）军政机关损失4.69亿大洋 （3）官办铁路损失6.374亿大洋 （4）官办银行损失5.889亿元
帅府损失	黄金80000条（每条2斤），计256万两，价值华币2.6亿元

　　这仅是"九一八"事变后，日本侵略军烧杀抢掠给沈阳带来的损失，放眼整个东三省的损失，更是不计其数，日本的这种经济掠夺极大地阻碍了东北地区的经济发展。"敌人在我们的土地上骄傲地行进着……这无尽的富源，这自然的美丽，全都被我们的

敌人占有了……开发猎取的利益都是'友邦'的,"①日本人在我们的土地上大肆掠夺,并且将这种掠夺"合理化""合法化"。除了日本侵略者对各种物资资源的直接占有以外,日军对东北地区的经济侵略还包括强征粮食,要求农民将其生产的大部分粮食按照伪满政府指定的粮食收购价格最低额交售,抢夺百姓口粮,削减百姓收入;大肆掠夺东北矿产资源,抓取大量东北劳动力,致使众多家庭妻离子散、家破人亡;垄断东北的工农业、贸易发展;大量发行日伪货币"满元",扰乱金融秩序,榨取东北人民的血汗财富。"九一八"之后的东北经济凋敝,人民谋生之路异常艰难。萧红的《饿》《破落之街》《当铺》等作品也都反映了"九一八"之后百姓的日常生活,"填不饱肚子""一根鞋带两个人用的缺衣少食""难以找到赚钱的工作,不得不频繁进入当铺",这都是当时处于日本军国主义统治下,群众经济困顿、穷困潦倒的真实写照。这些东北文人只要从事创作活动,即便是处于有工作的状态,也可能因为日本人的高压统治而被随时解雇或拘捕。因此部分不甘沉默的东北文人为了活下去、写下去,必须要寻求新的生路——含泪离开家乡。

---

① 张中良编. 1931—1945年东北抗战文学 [M]. 哈尔滨:黑龙江大学出版社,2017:79-84

三、殖民文化霸权下的荧荧星光：积极抗争与遭受迫害

日本在东北的殖民主义，不仅具有欧美老牌殖民主义的血腥烧杀抢掠的性质，伴随着军事占领和殖民统治而来的还有日本文化的强行输入与对东北地区文化的严格管控。日本侵略者在东北地区推行了奴化教育，旨在伪满洲国建立起完整的奴化教育体系，要求东北人民学习日语，勒令东北地区原有学校一律停办，大肆屠杀教育界的爱国人士，严重破坏了东北地区的教育体系。在日本人开办的学校当中，他们篡改历史，扭曲史实，宣扬日本文化，践踏中国文化，向东北地区青少年灌输"共荣共和""日满一体"等亲日理念。日本侵略者妄图从根本上撼动东北地区的文化教育事业，企图将东北地区青少年培养成日本人的汉奸走狗。对于日本人施加的残酷掠夺、暴政欺压，众多有志东北文人感到深恶痛绝，于是在日本军国主义统治的暗夜里渐渐出现了荧荧星光。

1925 年春，共产党员付子钧接受了中共东北秘密组织的委派来到绥芬河，开展革命思想宣传工作，他以中东铁路学校教员的公开身份作为掩护，在中东铁路积极传播革命思想，并教授学生唱《国际歌》和《伏尔加船夫》等革命代表歌曲，利用组织学生活动的机会，向青年工人和学生传播反帝抗日的爱国主义思想。就像在春天的土地上播撒下带着希望的种子，没过多久中东

铁路学校便秘密成立起一支有三十多人的共产主义少年先锋队。这些青年人配合铁路工人开展抗敌爱国的宣传工作，利用铁路产业环环相扣的技术特点和优势传送各式情报，形成一条隐秘的地下钢铁交通线，为进一步开展武装革命斗争奠定了坚实的思想基础和群众基础。

"亡省"之悲与"家园失落"之痛折磨着每一个爱国东北文人的心灵，饱受列强侵略的东北人民为了获取自由不断努力，但东北人民的抗争也离不开中国共产党的领导，党组织在北满铁路方面的工作也在秘密进行，以星火之势迅速汇集壮大。1929年罗烽同志进入呼海铁路局传习所工作，并于同年夏天加入了中国共产党，罗烽的入党介绍人胡启同志随即宣布呼海铁路党支部建立。呼海铁路党支部建立之后的首要任务便是发展新党员，利用各种方式联络群众，扩大党的组织。作为支部宣传委员的罗烽便利用工作之余组织体育活动，吸纳进步力量，掩护组织的工作，扩大党的影响力。呼海铁路党支部在三年的时间内迅速发展，成为党在北满铁路沿线的重要组织力量。

日本侵略者的野心浮于水面，加快了"大陆策略"实施的进度，在东北地区酿出"九一八"祸事，显露出贪婪残暴的丑恶嘴脸。"九一八"的浩劫之后，辽宁、吉林和黑龙江的土地都一一沦陷于日本帝国主义侵略者的铁蹄之下，众多仁人志士寻求抗敌之法救国之路，对于文人来说，最直接也最能发挥特长的方式就是介入文艺工作，通过报纸刊物扩大革命宣传的影响力。1932年春天，在中共哈尔滨市委的领导下，中国共产党领导的群众性组织"反日会"建立，共产党员金剑啸负责哈尔滨文艺界的"反日会"工作以及中共满洲省委机关秘密出版油印的抗日小报的绘画工作。这一时期，金剑啸所做的就是抓住文艺这一宣传阵地进行抗日爱国的革命工作。与此同时，中共满洲省委委员杨靖宇指示金剑啸与罗烽等人负责北满的革命文艺运动，不鸣则已，一鸣惊人，很快，他们就团结起大批具有民族气节的文艺工作者。1932年4月，中国共产党派人秘密进入《哈尔滨新报》，创办起《新潮》副刊，借《新潮》副刊作为党的政治舆论阵地，刊登具有鲜明的时代色彩和抗日倾向性的文章，揭露日本帝国主义的黑暗统治，具有强烈的反帝国主义反封建精神。但好景不长，由于同年夏天洪水冲毁报馆，《新潮》停刊。1933年8月，金剑啸、罗烽通过日伪官办的《大同报》创办《夜哨》副刊，金剑啸、罗烽、萧红、萧军、白朗、舒群、梁山丁、孙凌等人在《夜哨》上发表了多篇旗帜鲜明的文艺作品，这些作品多对日伪统治下社会的黑暗进行了隐晦的揭露与批判，并指明了前进的方向与光明的未来，这些作品得到了众多读者的喜爱，后引起了日伪当局的注意，被迫暂停。尽管当时敌人已经明令禁止"集会结社"，但这些爱国的文人们还是不顾一切地进行着文艺社团的工作，与报刊宣传同时进行的还有金剑啸等人创立了爱国文艺团体"星星剧团"，寓意是"星星之火，可以燎原"，他们希望借文艺的火把将抗日救国的信号传播到更远的地方。由于日伪当局对文艺宣传事业的全方位严密把控，"星星剧团"排练的几个话剧未能与广大观众见面，但这一剧团是中国共产党所领导的文艺团体，集结了罗烽、白朗、萧军、萧红、舒群等人。在整个剧团进行编演排练的过程中，他们不得不承受着来自于日伪反动当局的压力和随时可能遭遇的破坏，所以众多爱国文人都处于极度恐慌之中，但这种恐慌并没有打消他们争取自由、抗敌爱国的信心和勇气，这些爱国的东北文人也并没有停止进行革命活动的脚步，始终站在文艺阵地的前沿。直至1934年，罗烽被日本警察以反满抗日的名义拘禁，他受到了敌人的严刑拷问，但对党组织的秘密只字未提，1935年罗烽被保释，因局势严峻，罗烽与白朗乔装打扮离开哈尔滨。因罗烽入狱的影响，局势的恶化，萧红、萧军、舒群等东北文人也都或前或后离开东北，开始了流亡历程。

四、激进的北方：得"俄苏"风气之先的地缘文化

东北流亡作家是诞生在中国外敌入侵、风雨飘摇年代的一支文学劲旅，是中国左翼文坛的重要组成部分。东北流亡作家左翼文学倾向的形成与东北地区得"俄苏"风气之先的地缘文化及交往关系甚密。

近代以来，受政治、经济、文化与军事等历史因素的影响，以哈尔滨为代表的东北地区成为中国较早接受俄苏文化思想的地区之一。中东铁路的建设运行，使哈尔滨成为向东北其他地区以

及关内传播马克思主义和俄苏文学的集散地。为修建中东铁路，"沙俄从中国山东、河南、河北等地招工近三十万人，还从俄国招工二十余万。"①铁路工人的大量存在，壮大了哈尔滨地区的无产阶级队伍，为哈尔滨地区的无产阶级运动与国际无产阶级运动的链接提供了可能。统计显示，1928年6月28日至7月25日，仅一月之间，哈尔滨海关就扣留了多达三千一百五十七件中东铁路传来的红色书籍报刊，这无疑为哈尔滨地区知识分子广泛接受马克思主义思想提供了极大的便利。左翼文学领袖瞿秋白最先赞扬哈尔滨对红色文化传播所起到的重要作用，他说："欢呼十月革命的胜利，引吭高歌《国际歌》，纵情地畅谈共产主义，在北京则是根本不可能的。除了哈尔滨以外，当时的全中国，连最激进分子也是无从想象得到的。"②生长在这样的地缘文化思想环境中，感受着激荡昂扬的俄苏革命文化氛围，东北知识分子正是在这样的红色文化氛围中接受了左翼思想的资源。

1925年出版的《苏俄的文艺论战》是当时第一本全面介绍苏联文艺论战的书籍，由时任中共哈尔滨地下党委书记任国桢翻译。鲁迅充分肯定了哈尔滨地区先进的苏俄文艺译介活动对全国文坛所产生的影响："任国桢君独能就俄国的杂志中选译文论三篇，使我们借此稍稍知道他们文坛上论辩的大概，实在是最为有益的事——至少是对于留心世界文艺的人们。"① 至20世纪30年代，哈尔滨已有大概三十余家俄文书店，是"关内寻找俄文版马克思、恩格斯书籍和苏俄文学的首选之地"②。萧军也曾在《"死魂灵"》《十月十五日》以及《高尔基与瞿秋白》等散文随笔中谈到果戈理、高尔基等俄苏作家对他的深刻影响。此时东北地区被外敌入侵，斗争形势严峻，正因如此，"以法捷耶夫《毁灭》、绥拉菲摩维支《铁流》为代表的，表现残酷的苏联国内战争和人的成长的'革命文学'，对东北作家的影响可为最大最深……在萧军的《八月的乡村》，端木的《大地的海》《大江》，罗烽的《归来》，骆宾基的《边陲线上》等众多作品……都可以看到来自于《铁流》和《毁灭》的'原型'和启迪"③。当代学者逄增玉也认为"《铁流》与《毁灭》在基本原型、主题与构思上，为东北流亡作家创作提供了启迪坐标和'文本蓝图'"④，"东北作家群创作与《铁流》《毁灭》在艺术表现与审美风格上也存在不少相似之处"⑤。

---

① 鲁迅：《鲁迅全集》第7卷《集外集拾遗》，人民文学出版社2005年版，第278页。

② 姜玉田、丛坤主编，曹力群、王为华副主编：《黑土文化》，中央广播电视大学出版社2012年版，第176页。

③ 张毓茂主编，高翔副主编：《东北现代文学史论》，沈阳出版社1996年版，第171页。

④ 逄增玉：《黑土地文化与东北作家群》，湖南教育出版社1995年版，第250页。

⑤ 逄增玉：《黑土地文化与东北作家群》，湖南教育出版社1995年版，第261页。

由于独特的地缘位置，虽然东北文坛的新文学发展较之关内存在一定的滞后性，但普罗文学与革命文学的主张早在"文学革命"时期便已提了出来。"1923年关内一些无产阶级革命文艺工作者提出'革命文学'的号召，东北作家安怀音起而响应，发表了《文学与时势》《文学家与革命家》等文章，阐述了文学与社会的关系，呼吁作家要有现实责任感，要有'群众化思想、社会化的观点'，'到民间去'，'到社会里去'……强调文艺的社会功能，视文艺为政治斗争的有力武器……"①虽然安怀音所倡导的普罗文学主张尚未形成规模，真正意义上的革命文学作品也凤毛麟角，这却为20世纪20—30年代东北作家文学创作的崛起提供了新的文学观念。"20年代末，东北新文学再次受到关内'普罗文学'思潮的激荡。"②20世纪30年代，东北地区普罗文学风气更浓："哈尔滨的笑山书店和寒流书店，道里、道外的哈尔滨书店，精益书店，罗烽在齐齐哈尔开设的中华书店，均经销关内新文学进步书刊和中外普罗文学书刊。"③可见，普罗文学思潮盛行使东北作家的社会意识得到空前的强化，一扫以往颓靡悲观的文

---

① 张毓茂主编，高翔副主编：《东北现代文学史论》，沈阳出版社1996年版，第321页。

② 张毓茂主编，高翔副主编：《东北现代文学史论》，沈阳出版社1996年版，第322页。

③ 董兴泉：《"五四"运动与东北沦陷区文学》，冯为群、王建中、李春燕等编著《东北沦陷时期文学国际学术研讨会论文集》，沈阳出版社1992年版，第118页。

坛风气，把握时代基调，把反映东北人民疾苦作为创作方向。

五、隐性基因：坚毅勇敢的抗争品质与崇尚自由的流浪灵魂

以萧红、萧军为代表的一众东北流亡文人生逢乱世，社会黑暗，民不聊生，出于作家想要进行自由的文艺创作、为沦陷于日本侵略者铁蹄之下的家乡发声的需要，他们不得不离开家乡，南下入关，这是东北流亡文人走上流亡之路的关键原因，也是最直接的原因，但这并不意味着东北流亡文人的骨子里不具备流亡所需要的潜在条件。

东北地区远离中原地带，生存环境相对艰苦，但这并没有阻碍东北人民用双手创造美好生活的愿望。早在东北地区出现部落群居时期，东北地区的满族、鄂温克族、鄂伦春族、蒙古族等少数民族，就具有英雄崇拜的思想，他们崇尚的英雄是人世间的造物主，是历史和社会进程的推动者。这些人物往往具有骁勇善战、坚强勇敢的特点，并且能够百折不挠地追求心目中的乐土和家园。如英雄史诗《乌布西奔妈妈》中的乌布西奔妈妈，她传奇的一生也是为了部落发展壮大的一生，她率领部落进行了五次东征，为乌布逊部落开疆扩土，并且将更为先进的文明传递到东海各部，最终积劳成疾，病逝在第五次东征途中。这种为了追寻理想之境走上颠沛流离之路的行动，需要的是人们自主掌控命运的

坚毅与展现自身力量的勇敢。

　　受自然条件的限制，古代东北地区的土著部落的生存方式以渔猎为主，《说文解字》中的"夷"从大从弓，这就说明，张弓射猎一直伴随着东北先民的生产发展。如泰纳的"三因素说"所言，"种族、环境和时代"是形成艺术作品的"三个原始力量"，推及文化也是如此，文化受到种族这一内在力量的制约，又被环境和时代这两大外部因素所塑造。东北地区多山脉湖泊、多草地河流，这一自然环境就使东北地区的先民们形成了渔猎、牧猎为主的生产模式，也形成了独特的渔猎和游牧文化。《辽史·营卫制·部族（上）》中记载"契丹之初，草居野次，靡有定所"，这便是契丹族先民居无定所、四处漂泊的生活方式。《辽史·营卫制·行营》中还有记载"辽国尽有大漠，浸包长城之境，因宜为治；秋冬违寒，春夏避暑。随水草，就畎渔，岁以为常。四时各有行在之所，谓之捺钵"，也就是说这种生活方式是四季转场，逐水草而居的。虽然经过了几百年的发展，东北地区很多民族已经由粗放的渔猎和游牧的生产模式转向了农耕的生产模式，但农耕主要还是依靠居于渤海地区以及其他平原地区的汉人来完成，女真族等民族还是以渔猎为主，而建立元朝的蒙古族，更是以游牧为主，因此其民族文化具有鲜明的游牧色彩。在这种渔猎文化和游牧文化影响下，东北地区原住民也都或多或少地受到了相近的文化传统的影响，他们愿意走出一方被敌人践踏的天地，不安于一室之内，不忌惮漂泊之苦。就如同萧红在《后花园，祖父和我》中说到的那样，进入了后花园仿佛就进入了另外一个世界，不再是那个狭隘的屋子，人和天地在一起，天地是那么大、那么远，仿佛摸不到尽头，在这个后花园，"我"会没有目的地奔跑出去，直到耗尽所有力量。从这里我们就可以看出，萧红内心无比向往自由，她渴望活得自由、无拘无束，也不怕苦累，可以跑到耗尽所有力量，即便耗尽力量，也要与逼仄、狭窄的小环境抗争到底。

东北地区的民族景观实际上呈现出一个开放、多元的样态。历史上，东北地区流入大量的外来人口，而这些人口流入东北的原因主要有以下几个方面：一是因为政治原因被流放到东北地区，以清代为例，统治者将犯人流放宁古塔（清统治东北边疆地区的重镇）。二是边境地区，会有沙俄、朝鲜人进入。第三个原因就是因为天灾人祸，政府组织或群众自发进行的大量人群迁徙行为，关内的百姓为了谋求生计主动或被动地迁徙到东北地区。不论是以上哪一种方式进入了东北，这些人身上都具有开天辟地的豪情和吃苦耐劳的毅力。清末民初的"闯关东"大潮就是这样一支重要的移民浪潮。这些"闯关东"的百姓迁入东北，在此安家落户、繁衍生息，但东北并不是他们的根源所在。《闯关东》中朱开山一家踏上离乡之路时，朱开山对着家人说了这样的话："孩他娘，孩子们，咱们这也算是背井离乡了……来，咱们磕个头吧，别忘记这是生你们养你们的地方。"所以说移民对东北有感情，但没有"故园"情结，移民者的后代也不会把东北作为自己的第一故乡，而是心中怀有"老家在山东"的观念。这是其一，其二是"闯关东"这一行为本身就是在为自身生存发展寻求出路，在"闯"的过程中培养了移民吃苦耐劳、坚忍不拔的品质，另外移民文化中"闯"的精神也会代代相传，他们不会拘泥于某一个地区某一种文化。这都是东北地区人们的抗争精神，这种抗争精神又与追求自由的愿望联结在一起。

东北是中华文化文学的发源地之一，既是中国大地上较早有人类活动和居住的地区，也是人类发展史上大迁徙的桥梁地区，作为中华文化的一个重要组成部分，东北有其独特的民族文化和地域文化。从人类学与民俗学的角度考证，东北地区的居住的氏族部落被指称为"东北夷"，这种说法源自晋人郭璞的《尔雅注》，即"九夷在东"，后人著述《九夷考》，认为东夷九种分黄、白、玄、赤、蓝、阳、于、方、畎，分布在自黑龙江、鸭绿江流域到日本西海岸的东北亚地区。20世纪40年代，著名甲骨文专家陈梦家在他的《佳夷考》一文中指出："余意夷族本在东北，东夷、南夷、淮夷皆其南迁后别名，故玄鸟降生之故事，行于东北民族，亦行于淮夷，商于夷为一系，故其传说雷同。"①这段文字表明夷人最早发祥于东北地区，后来南迁至山东东部等地区，东夷文化以及后来崛起于东北的乌桓文化、契丹文化、鲜卑文化均属同系，发展至汉代，东北地区的东夷人有了专

---

① 逄增玉. 黑土地文化与东北作家群 [M]. 长沙：湖南教育出版社，1995.08：15—20

称——东北夷，汉晋时期的学者如郑玄、高诱等人也都使用这一称谓。之所以说东北地区也是中华文化的发源地之一，即是因为考古发现，在距今六千多年以前，东北地区就有人类活动遗迹，如沈阳地区的新乐遗址、黑龙江兴凯湖附近的新开流文化遗址，这些都表明东北夷人同中原其他文明发源地地区一样，创造了渔猎时代的物质文化，并在物质文化的基础之上，创造了具有考古价值的精神文化，比如在辽宁红山牛河梁女神庙和后洼等文化遗址中所存在的具有远古图腾性质的人头像和女神像。1977年在内蒙古石棚山还发现了距今有五千多年历史记载的"玄鸟生商"神话的陶文。"玄鸟生商"的神话传说在《诗·商颂·玄鸟》中说的是"天命玄鸟，降而生商"，据学者多年的考古证明商氏一族源起于居住在东北的东北夷，20世纪80年代在辽宁红山文化遗址中发现的关于商先文化源头的痕迹就可以充分说明这一点。神话是远古时代人民的集体口头创作，也是人类生产力和文化发展到一定阶段的产物，"玄鸟生商"的神话传说成为东北夷文化的重要组成部分，在多年的发展演变之中逐渐形成了东北人民以"鸟"为图腾的社会心态。《清太祖武皇帝实录》中有一段关于神雀图腾与人物降生的故事，其大意是在天寒地冻的长白山中，有一个名为布尔瑚里的湖泊，某日，有三仙女从天而降，在湖中沐浴。"有神雀衔一朱果置佛库伦衣上，色甚鲜妍。佛库伦爱之，不忍释手，遂衔口中，甫著衣，其果入腹中，既感而成孕。……后生一男，生而能言，倏而长成。"这是一则神鸟感生的故事，实则说明了东北地区人们对神鸟的推崇。后来东北地区的女真族、满族承继了鸟图腾的文化传统，女真、满族都以"鹰"为图腾和偶像。《山海经》云"东北海之外，大荒之中"，"有山，名曰不咸，有肃慎氏之国"，"肃慎"是满族人的祖先，从语言学的角度解释，肃慎的音近于肃爽（鹔鹴），而鹔鹴是一种鸟的名字。《淮南子·原道训》中有记载，高诱注："鹔鹴，鸟名也。长颈绿身，其形似雁。"①以鸟作为族名足以说明东北地区各个民族对鸟图腾的崇拜程度。

东北地区民族以鸟为图腾这一文化特征，实际上与东北地区的自然条件有关。东北地区冬季漫长、气候寒冷，自然条件较之中原地区相对恶劣，地势以山脉居多，有大、小兴安岭山脉，长白山山脉等，崇山峻岭众多，以千百年前的生产力水平来看，人类很难征服这样的自然环境，故而对可以自由穿梭于山峰之间、可随季节变化迁移的鸟类产生羡慕与崇拜之情。加之以鹰为代表的鸟类捕猎能力强，这在处于渔猎文化时期的东北人民看来，都是可望而不可即的愿望。这些虽然只是观念意识物态化活动的符号和标记，但是凝集在种种图像符号形式里的社会意识，亦即原始人们那如醉如狂的情感、观念和心理，恰恰使这种图像形式获有了超模拟的内涵和意义，使原始人们对它的感受取得了超感觉的性能和价值，也就是自然形式里沉淀了社会价值和内容，感性

---

① 逄增玉. 黑土地文化与东北作家群 [M]. 长沙：湖南教育出版社，1995.08：49—54

自然中沉淀着理性性质，并且在客观形象和主观感受方面都如此。① 所以说以鸟为图腾，实际上反映了东北先民对摆脱自然条件束缚、不受约束实现自由活动的愿望，久而久之演变成为一种文化观念、精神寄托。

虽然进入近代时期，人类的生产能力得到了极大的提高，不再局限于一方天地，但鸟图腾所蕴含的崇尚自由的文化精神却能够超越时空界限，演变成为一种集体无意识的民族文化密码。这也正是东北流亡文人毫不犹豫走上流亡之路的内在文化基因，他们渴望突破现实生活中的种种束缚，进入自由自在、无拘无束的生活状态。

虽然经过了长时间的历史演变，东北地区的民族并不局限于鲜卑、女真、朝鲜等民族，逐渐趋于多样化，但在传统文化与价值准则方面还是存在着诸多的相似之处，比如重巫（萨满教）、善饮、喜肉食等。萨满教对东北地区人民的影响可以说是浸润在民族的文化基因之中。正如萧红小说《呼兰河传》中所提到的："呼兰河除了这些卑琐平凡的实际生活之外，在精神上，也还有不少的盛举，如跳大神、唱秧歌、放河灯……"这里所说的"跳大神"实际上就是萨满教的一种仪式，"大神"神通广大，可以治病、算命、驱鬼、辟邪，是通灵的人物，根据著名宗教学者米尔恰·埃里亚德《萨满教——古老的入迷技术》中的观点：萨满

---

① 李泽厚. 美的历程［M］. 北京：生活·读书·新知三联书店，2009.07：10

教等于入迷技术，而"入迷"则是一种深度的精神体验，也是一种玄想、巫术和宗教，成为萨满者必须要经过"自然神召"，通过特殊的角色、仪式和语言，进入"昏迷""疯狂"的原始状态，让神灵摄走萨满者的灵魂，使其在神的宫殿中得到接见，与神圣沟通。萨满维持人的原初能力和原始状态，将人带到神话之中，让人偶尔回到天堂时代，获得灵魂的飞升。

在东北地区的原始氏族部落中，萨满承担着"医生""预言家""争端调解人"和"魔鬼驱赶者"的作用。在生产活动中，他们作用显著。[①]从社会学的观点来看，萨满在社会与超自然之间具有作为中介人的基本能力，所以当社会和个人面对突如其来的生活难题时，在社会或个人对未来忧心忡忡时，都需要萨满。[②]由此可见，萨满教与东北地区的原始部落的生产生活活动紧密联系在一起，它作为一个公众信仰和崇拜对象而存在，有广泛的信众，实际上已经以规范化的巫术和崇拜行为为活动形式，以血缘和地缘关系为纽带构成了一种社会文化体系。东北地区的文化发展虽经历了原始社会、奴隶社会与封建社会，到达了现代社会，但这

---

① 主要是指：在生产活动中，他指示打猎区域，为狩猎不丰查找原因。在氏族成员和社会本身面临生存和生活中的危机和困境时，萨满要为人们举行仪式，提供来自神圣对象方面的心理保障，缓解人们的焦虑。如人死后萨满要陪送他的灵魂平安到达另一世界；萨满要为扰乱氏族生活的无家可归的亡灵安置偶像；当氏族面临外来的神秘力量威胁时，萨满要保护整个氏族、部落居民不受敌对精灵的危害。

② 孟慧英. 论原始信仰与萨满文化［M］. 北京：中国社会科学出版社，2014：253

种社会文化体系的影响的根源仍旧存在，与不同时代的文化需求结合在一起发挥作用。东北流亡文人在浸润着萨满教影响的社会体系中成长起来，故而内在文化基因中存在着无法避免的萨满教文化影响。他们在作品当中也会不自觉地流露出萨满文化的影响，一方面是萨满文化作为描写对象直接体现在作品当中，另一方面就是萨满文化对作家人物性格的影响。萨满祭祀仪式中有"神灵下山"的"附身"，还有"送神"，就像《呼兰河传》中所描绘的"送神"："大神说：我的二仙家，青龙山，白虎山……夜行三千里，乘着风儿不算难……"这种描绘就是神灵"御风而行"，就是一种人类所不能企及的"灵魂自由"。同样的"跳大神"的场面在端木蕻良的《科尔沁草原》也有所体现："……眼睛凝住了看着红烛，大仙还是超乎自制似的狂妖"，这一段对于大神的刻画也是突出了萨满的野性、妖异，虽然表面上是一种麻木、控制人生的行为，实际上却反映了主体精神意志激烈勃发，想要自由实现、创造自身、解放自身的愿望。总的来说，东北流亡文人流亡书写的生成是多方面的原因共同作用的结果。

第二章　东北流亡文人的坎坷流途与身份危机

除了在第一章语境中所提到的客观因素以外，促使东北流亡文人走上流亡之路的内在驱动力就是精神动因。谈及这一流亡问题的精神动因，我们可以通过心理学角度的动机—冲突理论对东北流亡文人的流亡行为进行解读。东北流亡文人抱着改变现状、实现愿望的信念走上流亡之路，但走上流亡之路的他们生存处境并没有得到改善，而且遭遇了严重的身份危机。

一、走上流亡的精神动因：为了"自由地生和自由地写"

"动机"指的是促使某人产生某种行为的念头，从心理学角度来看则涉及行为的发端、方向、强度以及持续性。而"动机—冲突"起源于主体判断的非客体重合性和历史活动的倏忽流动性，也就是说人们的动机与客观现实状况以及所期望的结果并不总是一致的，因此才会出现动机与客观实现过程中的强烈反差，这种强烈反差要求行动者必须做出选择。东北流亡文人所面临的是一种双趋式冲突。也就是说，个体或群体想要实现两项并存的目标，但因为种种因素的限制，无法两者兼有，只能选择其中一个。这个选择对东北流亡文学史乃至整个中国现代文学史来说都至关重要，因为这使东北作家分裂出两脉，一脉是东北沦陷区作家，一脉是东北流亡作家。在当时，处于历史节点上的东北流亡文人，他们一方面愿意留在东北，守卫自己的家园，但另一方面又想要拥有创作的自由，进行旗帜鲜明的文学创作，想要通过文艺这一渠道号召国民联手抗日，进行革命的宣传。很显然，这两方面他们无法兼得，且后者的实现必然要以牺牲前者为条件，所以东北流亡文人在"留下来"与"走出去"的抉择中，倒向了后者，"宁肯逃出去流浪、去抗敌、去死亡，换取些自由的气息"。通过对东北流亡文人动机冲突的分析，可以得出结论：排除了现实条件的种种压迫之外，东北流亡文人成其"流亡"的精神动因即是"为了保持文人创作的独立性，可以拥有自由创作的权力"。1933年7月萧军在《大同报·大同俱乐部》发表的文章《一封公开的信——致爱好文艺和青年文艺工作者》中说道："……同样我们也是切盼全满洲的爱好文艺及青年文艺工作者，坚定起我们的意识形态来，肩承起历史人群给予我们的任务，把它付与了文艺的本身，要它也去达成它所应付的任务吧。"为了承担起历史人群所赋予的文艺工作者的任务，东北流亡文人选择了离开东北故土，虽不能直接做保家卫国的英雄，但可以将其心中的英雄崇拜的情结通过文艺创作展示给更多的国人。端木蕻良也曾说过，他的故乡的人民当时已是双重的奴隶，当权者在大观园里逍遥，将土地断送给敌人，做奴隶的人们却想着用他们粗拙的力量将这些土地讨回，"这呼声，这行进，我故乡兄弟英勇的脚步，英勇的手啊，我愿用文字的流写下你们热血的流"。东北流亡文人带着他们壮怀激烈的情感共鸣和文学热忱走出家乡，期待着让更多的人了解家乡人民蒙受的苦难与悲痛。诚如罗烽所言："我不过是只被灾荒迫出乡土的乌鸦，飞到这'太平盛世'，用我粗糙刺耳的嗓门，把我几年来积闷的痛苦倾泻出来。"这种痛苦的倾泻一方面来自于零落破碎的故土，另一方面就来自于漂泊在外的流亡体验。

二、他者的认同与自我的危机：无名的流亡者与蒙受"污名"的关东人

在文学的现代化进程中，"身份"这一词出现频率很高。从汉语的解释来说，"身份"是指"人在社会上或法律上所拥有的地位与资格"①。文化研究中的"身份"并不是"status"层面的

---

① 吕叔湘，丁声树. 现代汉语词典. 北京：商务印书馆，2016

"身份"，而是"identity"层面的意义。"identity"在英语中的名词解释为"身份"，从逻辑层面解释则是"同一性""一致性"，对于东北流亡文人而言，他们失去了"身份"，面临着严峻的"身份危机"。在流亡途中，他们又试图重新建立自己的身份，以获得广泛的政治认同与社会认同。这种认同是在真实的体验情境刺激下的一种认同自觉。

东北流亡文人面对的身份危机可以从表层危机因素与深层危机因素两方面来分析。表层危机因素主要包括：一、对东北流亡文人而言，他们失去了故乡的"原初身份"，远离家乡，失去了在故乡时所拥有的一切。二、东北流亡文人积极宣传抗战思想和反帝爱国的情绪，在当时的统治者（东北地区的日本侵略者、伪满洲国，关内的国民政府）眼中，他们并非"良民"，非但无法得到国家的庇护，还要因"爱国罪"而被镇压。东北流亡文人与爱国抗战、与中国共产党组织之间关系密切，为日军、伪满政府与国民政府所不容。"如果可能——就是说，环境不迫害我到连呼吸全不自由的时候——现在正是要'城下盟'的时候，中国政府应该自动消泯百姓反日的思想及其他。'危害民国'的罪名也许会冠到你的头上。因为我这是在反'日''反帝'，反对人类的残害者呢！"①在流亡途中，即便是做出这种爱国的行为，也会受到国民政府的抓捕。因此东北流亡文人躲过了日军的疯狂抓捕和

---

① 萧军. 萧军全集11卷［M］. 北京：华夏出版社，2008：88、89

屠杀，却又要面临着国民政府的围追堵截。东北流亡文人虽已逃离东北地区，但这并不意味着他们可以高枕无忧进行工作和学习。1934年9月23日，舒群与倪青华兄弟在青岛被捕，青岛一片白色恐怖。随时而来的是萧军、萧红所在的报社出现问题，业务彻底瘫痪，他们在处理完报社的善后工作之后也匆忙逃离青岛。①这就使得东北流亡文人在与关内同胞相处中缺乏身份认同的处境之上雪上加霜，他们并不是国民政府统治下的合法公民，这种身份危机使他们的流亡生活更加艰难。三、东北流亡文人是从沦陷区逃难出来的流民，对于关内的百姓而言，他们身上背负着不战之罪，无家可归，本就烙印着耻辱印记。这些都是东北流亡文人面临身份危机的表层危机因素。

从深层危机因素来看，就必须从文化研究方面考虑民族起源发展问题与文化观念问题。从这一方面来说，东北流亡文人与关内同胞之间缺乏"同一性"与"一致性"。远离故土意味着熟悉的自然环境、习俗与语言、亲朋好友都变成遥远的过去。他们无家可归地流亡着，不断与新环境发生冲突，为着活下去和写字的目标忍受苦难与侮辱。②作为流亡文人，他们迫切需要建立起新

---

① 季红真. 萧红年谱中 [J]. 新文学史料, 2014. 舒群与倪青华兄弟是青岛地下党组织成员，秘密进行爱国活动。青岛市委记高嵩是青岛地下党之首，高嵩、倪青华兄弟均为蒋介石钦定的要犯，押解南京之后交由陆军监狱定罪，青岛一片白色恐怖。

② 萨义德. 权力、政治与文化——萨义德访谈录 [M]. 单德兴译. 北京：三联书店，2006：583-584

的"文化身份"支撑他们走下去,对抗遭遇的身份危机。"文化身份(culture identity)又可译作身份认同,主要诉诸文学和文化研究中的民族本质特征和带有民族印记的文化本质特征。"①这种说法建立在"他/她把自己视为与某个人、群体或观念是一体的——有共同起源和共同特征——并在此基础上存在一个团结和忠诚的自然封闭物"②的基础之上。借用"身份认同"的这一说法,也就是说,当关内同胞与东北流亡文人在民族起源和地域文化等诸多方面存在差异时,无法建立起这样一个团结且忠诚的体系,即东北流亡文人行至关内与非东北籍同胞之间无法产生身份认同。谈及东北流亡文人与关内同胞无法产生身份认同,文化身份有所差异的原因,就还要从东北地区长期以来所存在的"历史的遗留问题"谈起。

首先是民族起源问题,认同的社会基础是民族认同,而民族认同的核心元素是民族的自我认同与归属感。③虽然现代的东北是白山黑水、资源丰富、物产富庶的地方,但在千百年来的历史上,东北地区一直远离中原的政治经济文化中心,一直被看作是蛮荒之地。中原的文明,主要起源于黄河流域的大地湾文化、龙山文化以及仰韶文化。商周时期,中华文明逐步繁荣,青铜文化

① 王宁. 文学研究中的文化身份问题 [J]. 外国文学,1999
② Stuart Hall "Who needs identity?" [J]. in Paul du Gay, Jessica Evans and Peter Redman, ed., London: Sage, Identity: a reader, 2018: 16
③ [美] 朱蒂斯·A. 霍华德,张戌凡译. 关于认同的社会心理学 [J]. 周宪主编. 文学与认同:跨学科反思. 北京:中华书局,2008: 66

高度发达，经济方面手工业生产繁荣兴盛，出现了中国古代工商业的第一次高潮，东周列国还出现了商品流通的货币；在文化方面，夏商之际汉字体系形成，先民们也有了自己的宗教信仰；春秋战国时期士子学派辈出，一片百家争鸣的气象；更为璀璨夺目的是先秦时期已经出现了文学艺术，《诗经》《楚辞》问世，雕塑、绘画和工艺美术出现，音乐与舞蹈的艺术形式也已经诞生。[①]此时的中原文明地区，人类文化已经进入了自觉的审美的意识阶段，比如屈原的《离骚》，已经在自然情感升华的基础上承载了丰富的社会性内容；《诗经》中的诗篇也都饱含着作者的审美理想，或是对恶的批判，或是对美的追求，具有广泛的象征意义。相比于中原文化的迅速发展，同时期的东北地区则是处于混沌而朦胧的状态，还没有出现类似于中原地区的文化形态。虽然"东北夷"人类活动的痕迹可以追溯到很久远的历史时期，但并未取得可以媲美于中原地区的文化成就。在政治与经济方面，同时期的东北地区还属于少数民族地区，并未完全归入中原的版图，所以文明程度相对低下。而经过了秦朝大一统，全国性多民族统一的局面初步形成，主体民族的政治、经济、文化进一步发展，东北地区设辽东郡，纳入秦朝的管辖之内，但因东北的地形与自然气候原因，东北的大部仍不属于秦的统治之下。后来经过了多个朝代（主体如隋、唐、宋、元、明）的更迭发展，中原经

---

① 袁行霈. 严文明. 中华文明史第一、二卷 [M]. 北京：北京大学出版社，2006

济政治文化中心也在不断做出调整，宋代末年经济政治文化中心南移到长江流域，及至元明时期，政治中心迁至北京，东北地区距离政治文化中心的距离在空间上得以缩小。清代是满族人当权，满族人起源于东北地区长白山一脉，1644年清军入关至1911年中华民国成立，满族人统治汉族人的这二百六十余年实际上也是关内汉族人积怨的二百六十余年。1905年，中国同盟会在日本东京成立，孙中山提出的"驱除鞑虏，恢复中华，创立民国，平均地权"被确认为中国同盟会的纲领。这一纲领的确立，意味着北方的少数民族蒙古族、满族实际上都被列为汉族人的敌人，意味着在以孙中山为首的革命党人看来，满族人、蒙古族人皆"非我族类"——1906年制定的《中国同盟会革命方略》也认为"今之满洲，本塞外东胡，昔在明朝，屡为外患。后乘中国多事，长驱入关，灭我中国，据我政府，迫我汉人为其奴隶……"[①]这在当时先进的知识分子界是极具煽动性和感染力的。从历史文化渊源的角度，关内的汉族人与东北流亡文人就无法达成身份认同。

萧军对流亡关内的感受曾做过这样的描述："一直生活在北方——特别是东北——的人，一旦到了上海，就犹如到了'异国'。一切都是生疏，一切都是不习惯，言语不通，风俗两异，

---

① 中国社科院近代史. 孙中山全集第1卷 [M]. 北京：中华书局，1985：296-297

无朋无亲——犹如孤悬在茫茫的夜海上，心情是沉重而寂寞！"①
从这一点来看，萧军深刻地意识到了这种文化与习俗的差异，基
于这种差异，东北流亡文人在关内很难找到自己的身份认同，没
有归属感，便会生出"无根"的游离感。萨义德说："流亡是最
悲惨的命运之一。……因为不只意味着远离家庭和熟悉的地方，
多年漫无目的地游荡，而且意味着成为永远的流浪人，永远背井
离乡，一直与环境冲突，对于过去难以释怀，对于现在和未来满
怀悲苦。"②故而言之，流亡必然要面临萨义德所说的一直与环境
冲突的问题。"没有了家，暂且漂流一下吧，将来不要忘记。"③这
是一个无法解决的问题，因此东北流亡文人只能自己进行内心的
调节，但是这种身份危机带给他们的不仅仅是颠沛流离的痛苦，
更有关内人的歧视和误解。

其次是民族情感的认同问题。除了从文化渊源的角度，关内
人与东北流亡文人之间缺乏认同感以外，军阀混战时期奉系军阀
给关内百姓的日常生活造成了伤害，也是关内百姓难以认同东北
流亡文人的一个重要原因。两次直奉战争使关内生灵涂炭，严重
伤害了关内人民对待东北人民的民族情感。④还有一个直接的原

① 萧军. 萧红书简：鲁迅给萧军萧红信简注释录 [五] 注 [M]. 上
海：上海人民出版社，2015
② 萨义德. 知识分子的流亡——放逐者与边缘人 [M]. 北京：生活·
读书·新知三联书店，2016：60-75
③ 平石淑子. 萧红传 [M]. 北京：中国人民大学出版社，2017：112
④ 全国报刊索引. 奉直战争 [Z]. 上海宏文图书馆初版，1924

因就是东北陷落，关内人民对"不抵抗政策"的理解，对于奉天城落而手握重兵的张学良没有下令抵抗，延误最佳抗敌时机这一问题，其中国民党系统内部的政策号令与复杂的利益考量在当时少为人知，因此张学良乃至东北军都被当作是奉天陷落的罪魁祸首，被视作没有民族气节、贪生怕死之辈。马君武所作的一首街头诗《哀沈阳》，就反映了当时主流的文化圈和思想界看待东北沦陷地区的观点："赵四风流朱五狂，翩翩蝴蝶最当行。温柔乡是英雄冢，哪管东师入沈阳。"这首诗被广泛传唱，也使本就不认为自己与东北人民同源同根的关内人民更加漠视东北地区的战乱，歧视东北流亡文人，才会有不把东北人民当作中国人的情形出现："她带着狐疑问：'您是关东人吧？就是日本子改了"满洲国"那地方？''我是中国人……我是生在关东的……'"①东北流亡文人的遭遇只是东北流亡百姓遭遇的一个缩影，关内同胞对从东北地区流亡至关内的同胞冷漠歧视的情况是很普遍的。在多层次原因的共同作用下，降临在东北流亡文人身上的身份危机也不言而喻。

三、有限的"入世"：东北流亡文人的身份建构

东北流亡文人面对身份危机——原初身份丧失，缺乏身份认

---

① 萧军. 萧军全集1 ［M］. 北京：华夏出版社，2008：274

同，在流亡的过程中受尽磨难，这种磨难也促使他们进行思考——需要解决如何建构新的身份，寻找新的身份认同的问题。实际上，东北流亡文人流亡的历程就是东北流亡文人不断成长、不断建构身份的历程。在席卷世界的左翼文化运动浪潮中，中国左翼文艺运动也迅猛发展并成为文艺主潮之一。王富仁先生曾指出："可以说，没有左翼文学，没有鲁迅，就没有东北作家群的产生和发展，就没有中国现代文学史上的这个独立的文学流派和文学现象。"①这无疑道破了东北流亡作家与"左翼"之间的亲缘关系。穆木天、李辉英、萧军、萧红、端木蕻良、舒群、罗烽、白朗等人都是"左联"成员，其他东北流亡左翼作家也多受到左翼的影响，其作品带有鲜明的左翼文学特征。

"左联"虽是一个文艺家组织，但始终在中国共产党的领导下开展工作。在民族危亡、阶级矛盾空前激化的紧要关头，"左联"成员积极投身政治斗争，将参与革命实践运动放在首位。"九一八"之后，东北进步作家大力开拓文艺战场，抢占副刊阵地，投身于左翼文艺运动之中。1932年春天，在中共哈尔滨市委的领导下，建立了群众性组织"反日会"，共产党员金剑啸负责哈尔滨文艺界"反日会"等抗日救亡工作。同时，中共满洲省委委员杨靖宇指示金剑啸与罗烽等人负责北满革命文艺运动。1932年，由萧红提议、金剑啸等人筹办了"维纳斯画展"，赈济哈尔

---

① 王富仁：《三十年代左翼文学·东北作家群·端木蕻良之二》，《文艺争鸣》2003年第4期，第33页。

滨水灾灾民，开哈尔滨左翼文艺活动之风。其后，他们又结成了"星星剧团""牵牛房"与"哈尔滨口琴社"等文艺活动社团，将文艺活动与社会活动紧密结合起来。同年，中国共产党派人秘密进入《哈尔滨新报》，创办《新潮》副刊，将《新潮》副刊作为传播马克思主义与俄苏文艺的阵地。1933年，金剑啸、罗烽通过日伪官办的《大同报》，创办《夜哨》副刊，金剑啸、罗烽、萧红、萧军等人在《夜哨》上发表了多篇具有左翼色彩的文艺作品。萧军在其发表的文章中写道："我们也是切盼全满洲的爱好文艺及青年文艺工作者，坚定起我们的意识形态来，肩承起历史人群给予我们的任务，把它付与了文艺的本身，要它也去达成它所应付的任务吧。"①罗烽也在《夜哨》上大声疾呼："起来全世界的奴隶，起来全世界的罪人。"②借此，俄苏思想文化越过西伯利亚高地激发起东北年轻作家的斗争热情，他们迫切渴求为被压迫的民族与流落街头的"穷党"而歌，体现出鲜明的左翼倾向和立场。

在国破家亡的背景下，东北流亡文人作为一个文人群体，他们在失去原初身份之后，需要建构一个新的身份，这个身份必须将他们自己的经历与所处时代和所处社会相互关联，并非一个孤独的个体自我，而是将个人投入到大时代当中。东北流亡文人在

---

① 萧军：《萧军全集》，第十一卷，华夏出版社2008年版，第39页。

② 罗烽：《两个阵营的对峙》，刊于《大同报·夜哨》，1933年8月6日。

身份建构方面所进行的活动主要体现在参与救国的革命运动、社会活动与文学创作活动等层面，这三个层面呈现出了相互交织、相辅相成的样态。也正因为他们在这三个层面上的选择有差异，建构的侧重点不同，所以东北流亡文人的"入世"是有限的"入世"，是冲锋陷阵、歌在前线与疏离政治中心进行创作兼而有之的"入世"。

东北流亡左翼作家将独特而强烈的流亡体验带入到中国现代文学中来，使关外文学与关内文学融合到一起，为20世纪30年代的左翼文学带来了新的生命力。受罗烽入狱事件与东北地区局势进一步恶化的影响，罗烽、白朗、萧红、萧军等左翼文人先后离开东北，然而成为流亡者意味着"丧失了一切社会地位和人权、自由，成为等外人。"①进入关内的东北流亡左翼作家受民族起源、民族情感以及东北失守等问题的影响，成为"无名者"，面临着他者认同与身份建构的双重危机。萧军曾回忆："一直生活在东北的两个年轻人，一旦到了上海便犹如到了'异国'……言语不通，风俗两异，无亲无朋，犹如孤悬在茫茫的夜海上，心情是沉重而寂寞！"②由此观之，东北流亡左翼作家找不到自己的身份认同感和归属感，这是因为，"流亡是最悲惨的命运之一……因为不只意味着远离家庭和熟悉的地方，多年漫无目

---

① 阎嘉：《触摸人类的心灵：茨威格》，四川人民出版社1997年版，第281页。

② 萧军：《萧军文集》，第九卷，华夏出版社2008年版，第46—47页。

的地游荡，而且意味着成为永远的流浪人，永远背井离乡，一直与环境冲突，对于过去难以释怀，对于现在和未来满怀悲苦。"[1] 故土情思与身份认同的痛苦相互交织，这就是流亡者必须要面对的"流亡之境"。穆木天说："我总觉得'流亡者'不应该是哭丧着脸似的。能想办法就想办法，不能也应当有一些stoiquo（法文：克制）的精神。"[2] 因此，东北流亡作家将自己的生活体验、社会体验、精神体验注入文学创作当中，自觉承担起抗日救亡、复我邦国的文学使命。东北流亡左翼作家流亡至上海后，其沾满"血和泪"、带有着先锋倾向的文学作品成为他们融入上海左翼文坛的重要纽带，并被广泛熟知与引用。

东北流亡文人穆木天、李辉英、端木蕻良、舒群、罗烽、白朗都是左翼作家联盟成员，萧红、萧军都是在左联影响下成长起来的作家。穆木天是较早加入左联从事文学创作的一批作家，也是同年建立起来的"中国诗歌会"的创始人之一，在全面抗战爆发后，穆木天又加入了中国全国文艺界抗敌协会，为爱国抗敌振臂高呼、奋笔疾书。李辉英先后参与"左联"、北平作家协会以及中国全国文艺界抗敌协会，他身体力行地进行抗日宣传，跟随"作家战地访问团"深入到抗日前线访问和巡回演出，甚至于1932年冒着生命危险只身一人潜回沦陷的东北地区，调查日军侵

---

[1] 萨义德：《知识分子论》《知识分子的流亡——放逐者与边缘人》，生活·读书·新知三联书店2016年版，第60页。
[2] 穆木天：《穆木天诗文集》，时代文艺出版社1985年版，第213页。

略真相，积累创作素材，企图唤醒国人，揭露日本侵略者的丑恶嘴脸。甚至他还在"七七"事变后投身于抗战的洪流之中，1939年5月曾与抗敌协会作家到河南慰问抗日部队。由此可见，东北流亡文人身上有着"苟利国家生死以，岂因祸福避趋之"的民族大义，能够在民族危亡的时刻厉兵秣马，使用文人的方式冲锋陷阵，但他们选择的抗战路径截然不同，选择构筑的身份也有所差异。

（一）投身革命：拥护"红色政权"的战士身份建立

舒群1932年便加入中国共产党，秘密传递情报工作，组织参加活动，在哈尔滨时期便与萧军、萧红、罗烽等人一起参加了爱国文艺组织"星星剧社"，1934年满洲地下党组织遭受敌人破坏，舒群才不得不离开东北地区的党组织，逃亡青岛地区，到达青岛地区之后，顺利与青岛地下党组织接头。但青岛党组织再次遭到破坏，舒群与其他地下党成员被捕。因国民党方尚未掌握舒群的真实身份，因此几个月后舒群被释放。紧接着历尽周折舒群到达上海与党组织会面，并加入"左联"，后接受党组织的安排前往西安，曾在山西前线担任朱德总司令的秘书，在1938—1939年间，舒群为我党我军在文艺方面做了诸多卓越的工作。1940年党组织正式将舒群派往延安。与舒群相似，罗烽也较早接触到了先进的党组织，1929年便加入了中国共产党，当时的罗烽先后担任过呼海铁路党支部的宣传委员、代理支书、书记等职位，在满洲地区积极开展爱国宣传的秘密工作。但因叛徒告密，1934年罗烽被捕。后来虽无罪释放，但东北地区政治环境恶劣，故而罗烽携妻子白朗离开哈尔滨，逃往上海，参加了"左联"，此后罗烽又任上海文艺界战时服务团宣传部长，为抗战文艺事业做出了重要的贡献。1941年是关键的一年，皖南事变后，罗烽来到革命圣地延安，担任过全国文艺界抗敌协会延安分会第一任执行主席，还参与了"延安文艺座谈会"，其论文《高尔基论艺术与思想》得到了毛泽东同志的肯定。以上的几位东北流亡文人在意识形态性建构方面做出了艰苦卓绝的努力，即积极抗战，且行为上向党的意识形态靠拢，是战斗在文艺前锋的革命战士。

萧军的革命战士身份建构之路非常曲折复杂。1938年2月中旬，萧红与萧军在山西临汾就去向问题爆发了激烈的争吵，随后两人分开，萧红随丁玲带领的"西北战地服务团"赶往山西运城，萧军执意留下打游击，萧军与党的意识形态之间的关系是复杂的。萧军在1937年，曾与胡风等人一起与国民党反动派斗争，编辑《七月》杂志。1938年，萧军首次抵达延安，受到了毛泽东接见的邀请，但萧军并没有就此留下。萧军本身并不拒绝革命，他与萧红在临汾分手也是因为他想要投入到革命中去，打算冲上前线。萧军是一个热衷于展露身手、建功立业、奋勇杀敌的人物。后来萧军离开陕甘宁边区，到四川开展抗日文艺活动，担任《新民报》副刊主编，直到1940年，萧军才又来到延安，成为"边区文协"的作家之一。无论说萧军是仗义疏狂，还是说他缺乏政治敏锐感，总而言之，萧军在行为上、心态上还是体现出了这种远离政治中心的特点。虽然萧军想要踏上抗日前线打游击的抗战行为，但实际上也是为了证明自己——既然我比他们强壮，就一定要看个水落石出才甘心。[①]萧军的这种远离意识形态中心的倾向，与萧军崇尚"绿林"好汉的侠肝义胆，不习惯被拘束，继承了东北地区民间文化中的崇尚自由与反秩序因子，与精神导师鲁迅启蒙的影响都有关系。即便如此，但这并不意味着萧军放弃了对意识形态性革命战士身份的建构，实际上他仍会对自己的处境做出反思："你们全是这样英勇地挺进着，只有我——我是一条流浪的狗，还是忧伤地到处彷徨。"[②]这就体现出萧军当时并没有找到一条适合自己的道路，还处于迷惘困惑当中，需要进一步摸索道路。

舒群、罗烽、白朗、萧军等人在1940年左右先后奔赴延安，并留下来从事文学与革命活动。他们身处于革命圣地延安，心中有着对光明和胜利的向往，同时也仍旧深切感怀着沦陷区人民和故乡亲友的遭遇，于是他们在延安更加积极地从事着革命工作。1942年，是"九一八"事变十一周年纪念，恰逢延安党中央开展整顿三风的运动，于是白朗、金肇野、黑丁等一系列东北流亡文人纷纷撰写纪念文章对自己进行反省，并发言："少说些空话吧，少写些幻想吧，把空洞的纪念变为行动。"由此可见这些东北流亡文人进行革命战士身份建构的决心。

---

① 萧军. 萧军全集10［M］. 北京：华夏出版社，2008：235
② 萧军. 萧军全集14［M］. 北京：华夏出版社，2008：63、64

（二）以笔启众：专注写作的文人身份建构

东北流亡文人走上流亡之路后选择的道路并不统一。罗烽、舒群、白朗等人选择追随"红色政权"，旗帜鲜明地进行抗争，还有一部分人选择坚持作家这一职业，远离政治斗争的中心，顺应时代变化，以笔启众，比如萧红和端木蕻良。萧红、端木蕻良二人虽然也为抗战和抗战文艺做出了诸多工作，但在意识形态性方面的身份建构是游移不定的，在行为方式上呈现出一种专注写作、远离政权中心的倾向。萧红在建构意识形态方面远离政治中心的特点表现得更为彻底，在萧红的观念中，作家是相对独立的职业，在山西临汾时二萧的争吵就充分体现了这一点。萧红认为萧军要去打游击是"逞强主义""英雄主义"，认为相对于他们的文学事业而言，萧军去做一名游击队员，并不能发挥更大的价值，而是文学事业的一大损失，他忘记了各尽其能，也忘记了自己的岗位。[①]由此可见，在萧红看来，作家这一职业与打游击或其他意识形态性工作有本质区别。尽管如此，但国破家亡的仇恨与流亡过程中的苦痛使萧红在作品中亦体现出了明确的抗敌爱国的倾向。萧红在1936年与鲁迅、巴金、茅盾等人联合签名发表《中国文艺工作者宣言》，这就说明在外敌入侵、百姓颠沛流离的状态下，萧红同样也为建构一个与时代接轨的身份做出了努力，这与她当时所处的流亡环境还有斗争形势是分不开的。因此萧红

---

① 萧军. 萧军全集10［M］. 北京：华夏出版社，2008：235

的选择是退守书斋，用手中的笔启迪国人，唤起大家的爱国民族热情。端木蕻良作为一名受过高等教育的年轻学生，在故土凋敝的大环境下也为抗敌爱国做出了诸多努力。他于1932年加入"左联"，1933年参加北平地下党组织的公葬李大钊活动，并发表演讲；1935年抱病参加"一二·九"运动和北平党组织发起的反日游行示威活动，为躲避警察抓捕，12月底，端木蕻良前往上海离开北平。1938年3月，端木加入中华全国文艺界抗战协会，致力于文艺抗战工作以及文学作品的创作。虽然萧红与端木蕻良与罗烽、舒群等人相比，在意识形态方面的建构要逊色一些，更倾向于自由化、去政治规范性的文艺创作，但这并不意味着他们没有进行身份建构。萧红与端木蕻良的身份重铸更多的是在他们流亡途中从事的创作活动与文艺活动当中进行的，在流亡的过程中书写一系列具有怀乡色彩的文学作品并为"九一八"事变撰写纪念文章，以鼓舞民情共克强敌。在国破家亡的背景下，生存尚且成为问题，萧红与端木蕻良能够笔耕不辍，为家乡发声，唤起国人对东北沦陷问题的关注，酣畅淋漓地表达东北流亡者的乡思，这便是萧红与端木蕻良为自己建构起来的以笔启众的文人身份，在国家与民族危难之时，他们赋予了文人身份新的意义。

由于创作上所体现的"救亡"与"革命"的立场倾向，东北左翼作家自然被卷入了"两个口号"的论争之中，论争促使他们对左翼阵营中存在的内容与题材以及艺术表达做出选择，使他们更加鲜明地站在以鲁迅为代表的"民族革命战争的大众文学"阵营之中，并成为中坚力量。毋庸置疑，鲁迅是东北左翼作家的精神导师，萧红与萧军初到上海时便得到了鲁迅在生活上的接济与文学上的指导，交往密切。萧军在回忆时说，对于刚到上海的他与萧红而言，鲁迅的回信是他们每天生活里唯一的希望和期盼。端木蕻良也多次与鲁迅通信，强调鲁迅对他的影响："像一线阳光似的，鲁迅的声音呼唤着我，我从黑暗的闸门钻了出来，潮水一样，我不能控制我自己，一发而不可收地写了那本《科尔沁旗草原》，奠下了我的文学生活的开始。"①除此之外，罗烽、舒群以及骆宾基等东北流亡作家也都深受鲁迅的影响。正是在鲁迅的影响下，东北流亡作家的创作以其独特的题材内容表现出了被压迫的底层人民与劳苦大众在社会历史变迁中的觉醒和成长的主题，进一步丰富与深化了左翼文学的表现内容与表现深度。东北流亡作家所表现出来的强烈民族自尊心与家国情怀也使他们在融入左翼文坛的过程中获得了关内外同胞的广泛认同。

从以上所描述的各位东北流亡文人的身份建构过程中，我们可以发现身份建构的过程并不是从始至终稳定不变的，他们在这一建构过程中会出现或多或少的游离状态，这其实是因为他们在相当长的一段时间内没有定居，没有家。"他们被人从故乡连根拔起，这必定会影响到他们的性格，使他们变得不稳定，使他们

---

① 端木蕻良著，中国现代文学馆编：《中国现代文学百家——端木蕻良代表作》，华夏出版社1998年版，第380页。

更加倾向于一种神秘主义的精神生活。"①不管这些东北流亡文人的身份建构成功与否，过程顺利与否，东北流亡文人在他们的流亡过程中，都曾为此做出尝试和努力，事实上这种建构也在一定程度上指明了他们前进的方向。东北流亡文人将与时代融合的"小我"投射到他们所创设的文化身份上，同时也将这些身份的意义和价值内化成为他们自身气质的一部分，从而使他们的主体感情与他们在文化世界里所占有的客观位置结合起来。②这种主体情感与客观位置的结合，也对他们的文学创作产生了重要影响。

---

① 勃兰兑斯. 十九世纪波兰浪漫主义文学［M］. 北京：人民文学出版社，2017：26
② 中国哲学大会论文集［C］. 北京：第二十四届哲学大会，2018：21－27

第三章 流亡体验与精神指向：
从"弃儿"之痛走向新生巨人之喜

　　流亡体验，顾名思义是东北流亡文人在流亡途中的体验。"体验"一词，其英文是"experience"，德文原作是"erlebenis"，一般是指人的经验感受，但德文的词根"leben"的含义是"生命""生活"，也就是说，体验并不仅仅是一般的感受、经验和知识，而是"以身体之，以心验之"。东北流亡文人的体验也绝不是简单的感受与经验，它是一种身体与心灵相联系、主客观交融的状态。而身份是内与外的一个桥梁，是个人与社会之间的桥梁，正是因为东北流亡文人在流亡途中所遭受的身份危机，受到的人身安全威胁、衣食住用行方面的窘迫以及话语权的缺失，所以他们的流亡体验十分深刻。东北流亡文人的流亡体验主要可以分成身体与心灵体验两个方面，即"以身体之"和"以心验之"，在流亡体验的掣肘下，东北流亡文人的精神指向也渐趋明确，不仅成为东北流亡文人途中饱受磨砺凝结而成的精神财富，更是影响他们作品内核的重要价值尺度。

一、从"弃儿"之痛走向新生巨人之喜的流亡体验

"弃儿"是可悲的，失去家庭、没有身份，流亡中的东北流亡文人最先感受的就是这种"弃儿"之痛，饥寒交迫，流离失所，随之而来的是焦虑不安，孤独忧郁，愤懑悲哀……种种负面情绪在他们心中一一上演，但他们也在不断地寻找光明，试图为收复故土、抗击敌寇做出努力，宛如一个新生巨人，满怀期待地希望拥有一个新世界。东北流亡文人的体验实际上可以按照马斯洛的"需求层次理论"①划分为"生理需求性挫折体验""安全性挫折体验""爱与归属挫折性体验""尊重挫折性体验"以及"自我实现挫折性体验与自我超越"五个方面，概括如下。

---

① 马斯洛. 马斯洛人本哲学 [M]. 北京：九州出版社，2003：49-65 马斯洛理论把需求分成生理需求（Physiological needs）、安全需求（Safety needs）、爱和归属感（Love and belonging）、尊重（Esteem）和自我实现（Self-actualization）五类，依次由较低层次到较高层次排列。五种需要可以分为两级，其中生理上的需要、安全上的需要和感情上的需要都属于低一级的需要，这些需要通过外部条件就可以满足；而尊重的需要和自我实现的需要是高级需要，是通过内部因素才能满足的，而且一个人对尊重和自我实现的需要是无止境的。同一时期，一个人可能有几种需要，但每一时期总有一种需要占支配地位，对行为起决定作用。任何一种需要都不会因为更高层次需要的发展而消失。各层次的需要相互依赖和重叠，高层次的需要发展后，低层次的需要仍然存在，只是对行为影响的程度大大减小。

（一）生理与安全需求挫折性体验：啼饥号寒与身份缺失

生理与安全需求①挫折性体验是东北流亡文人离开家乡之后最直观的体验，由此而引发的焦虑不安折磨着东北流亡文人。身份缺失的东北流亡文人不能拥有各项权利，衣食住行方面均得不到保障，如同"弃儿"。首先，他们很容易失去工作，没有稳定的经济来源。这种苦闷的情绪在东北流亡文人的书写中表露明显："——失了工作呢？——失了工作，谁知吃他娘的皮？——叮嗒叮嗒——这算什么稀奇的事?!"②在这首诗中，萧军使用一问一答的形式，借一位铁匠之口说出了他的心声："失了工作，这算什么稀奇的事?!"当时萧军正流落青岛，在报社工作，因舒群等人的地下党身份暴露，舒群被捕，他与萧红失去了工作，即将逃往上海。

其次是没有稳定的安身之所和缺衣少食的生活状态。在上海期间，东北流亡文人依旧以"浮浪人"③的身份而存在。对于自己

---

① 马斯洛. 马斯洛人本哲学 [M]. 北京：九州出版社，2003：52 生理需求：生理需求（Physiological needs）主要包括呼吸、食物、水、睡眠、生理平衡、分泌、性。如果这些需要（除性以外）任何一项得不到满足，人类个人的生理机能就无法正常运转。换而言之，人类的生命就会因此受到威胁。在这个意义上说，生理需要是推动人们行动最首要的动力。安全需求主要包括人身安全、健康保障、资源所有性、财产所有性、道德保障、工作职位保障、家庭安全。马斯洛认为，整个有机体是一个追求安全的机制，人的感受器官、效应器官、智能和其他能量主要是寻求安全的工具，甚至可以把科学和人生观都看成是满足安全需要的一部分。

② 萧军. 萧军全集14 [M]. 北京：华夏出版社，2008：67、68

③ 网络资料 [Z]. 浮浪人：指无固定住所和无户籍的人。出自《隋书·食货志》："其无贯之人，不乐州县编户者，谓之浮浪人。"

"浮浪人"的身份与权利，萧军曾予以解释，在散文《一只小羊》中他写到自己想要购买一只小羊的过程，在百货商店门外他见到一位卖羊人，卖羊人怀中抱着的小羊温顺可爱，与他十分亲近，就在他想要买下小羊的时候，他突然意识到自己是一个"浮浪人"，"浮浪人"不能把它带回去，原因只有"浮浪人"知道。其实原因就是他没有足够的钱购买，即便凑够了钱买下来，"浮浪人"夫妻的生计都是艰难的，更何况还要带着一只小羊呢？萧军在文章中充分认识到了这一点，因为文章中写道："小羊就像我们的孩子一样吗……浮浪人是不能要孩子的啦！"①由此可见，东北流亡文人由于身份的问题导致了各种权利的缺失，就连生育儿女的权利都被剥夺，不仅是萧红没法抚养自己的孩子，罗烽与白朗流亡至上海时生下的男孩也不幸夭折，虽然孩子带有先天疾病，无法判断具体是什么原因，但这跟流亡的颠沛流离与担惊受怕的痛苦是脱不了关系的。

东北流亡文人想要进行文学创作，进行抗敌爱国的宣传活动必须立足于生存的基础之上，促使他们离开故土走上流亡之路的一大重要因素也是"生存"，但流亡路上他们的生存状态并没有得到显著的改善。"列巴圈挂在别人的门上……有的牛奶瓶也规规矩矩地等在别的房间外，只要一醒来，就可以随便吃喝，但，这都只限于别人，是别人的事，与自己无关"②，东北流亡文人食

---

① 萧军. 萧军全集11 [M]. 北京：华夏出版社，2008：78
② 萧红. 萧红全集·散文卷 [M]. 哈尔滨：哈尔滨出版社，1991：916

不果腹，常常几天没有饱食。在《他去追求职业》中，萧红说："他是一条受冻受饿的犬呀！"一大清早，萧军就出去找工作，萧红在他们的小房子里饱受着饥饿的折磨。因为没有钱买食物，连日的饥饿使她看到邻居门上的食物时胃在胸膛里收缩。萧军外出找工作，半截裤管冻得又凉又硬。这都是东北流亡文人悲惨生存状态的真实写照，在这种生存状态下他们内心是痛苦的、焦虑的。尤其是流亡途中，东北流亡文人与未沦陷地区的生活稳定的同胞相比，身世更显凄惨，这种苦楚在萧红眼中是"就连隔壁的手风琴响起来唱的似乎都是生活的痛苦"，是"从异乡又奔向异乡"的疲累，是想要安身愿望的渺茫和迎接异乡风霜的凄惨，流亡着的东北文人如同大海中的一叶浮萍，失去了根基，在随波逐流的途中基本的生理性需求与安全性需求都是奢望，身心两不安的焦虑也就由此而来，去了日本的萧红几乎是每天都要给萧军发一封信，这说明了萧红身心两不安的状态，以及流亡异国时她矛盾、焦烦的情绪[1]。

（二）爱与归属挫折性体验：颠沛流离与失去故乡

对于东北流亡文人而言，流亡如同时间的炼狱，带给他们的痛苦也是逐步递进的，爱与归属需求[2]的挫折性体验也让他们对流亡的感受更为深刻。失去故乡使他们远离亲友之爱，颠沛流离使他们

---

[1] 萧军. 萧红书简［M］. 上海：上海人民出版社，2015：54
[2] 马斯洛. 马斯洛人本哲学［M］. 北京：九州出版社，2003：52—58 爱与归属需求（Love and belonging needs）主要包括亲情、友情、爱情、性亲密以及隶属关系等内容。

没有归属感。对流亡路上颠沛流离之感加以书写的传统中国古已有之，李弥逊的《客至》中的"人事等飘瓦，生涯各转蓬"就表现了生逢乱世中的文人孤苦伶仃、四处漂泊的状态。东北流亡文人在这乱世当中，与关内同胞之间缺乏身份认同的稳固基础，自然更有孤独零落之感。如同《松花江上》的歌中所唱："九一八，九一八，从那个悲惨的时候，脱离了我的家乡，抛弃了无尽宝藏，流浪，流浪，整日价在关内流浪……"悲凉的歌声唱出了东北流亡文人内心的苦闷烦躁，唱尽了流亡异乡的忧伤苦楚，为表达内心中颠沛流离的孤独忧思与失去家乡的悲愤之情，诸多东北流亡文人在他们的来往信件、随笔日记以及诗歌散文的书写中都熔铸了这一内容。

首先便是东北流亡文人对家乡强烈的依恋，流亡让他们对故乡的怀恋之情变得深刻。萧红在去了日本之后给萧军的信中曾描述过她的感受，夜间窗外的树声让她觉得就像听到了家乡田野上高粱抖动的声音，白天青蓝的天空就让她联想起家乡6月广茫的原野，日里夜里都会想念家乡。"东京落雪了，好像看到了千里外的故乡"①，便是日常的自然景象也会让他们想起自己的故乡。这种思乡之情也是凄凉的："为什么他们弹奏得那么凄凉！是不是为要使没有家乡的人流涕！……三年来帝国主义的铁蹄，使得多少人奔走流离。黎明和薄暮中，这江上的烟雾呀，可曾引起他们的无言的乡思！"②即便是早年间提倡"纯诗"理念，主张诗歌

---

① 萧红. 萧红全集·散文卷 [M]. 哈尔滨：哈尔滨出版社，1991：1185
② 穆木天. 穆木天诗文集 [M]. 长春：时代文艺出版社，1985：168

要创造一个远离现实的理想世界的穆木天，也大声疾呼，发出了饱含着对故乡深切怀念与眷恋的时代强音。萧军说："松花江的水，依旧是滔滔地向东流；秋天的风也还是那样温柔！可是我亲爱的朋友们呢？都已经离开我很远了！""朋友！你们知道我是怎样的寂寞呀？怎样的忧郁?!"①这是一种客居他乡的孤独感，是羁居在外所缺乏的归属感，也是对家乡带着忧愤的思念。

其次是东北流亡文人在思念故乡时所体会到的忧郁、愤懑和烦躁，这种郁愤是离开了亲人朋友的郁愤，是无法在父母面前尽孝、无法与亲人共享天伦、远离了熟悉的朋友，黑土地也不复在眼前出现的郁愤。舒群曾说过，因为思念家人，他常常失眠，想象远方天空白云下是自己的故乡，还有自己的家人，在遥远的地方他患着乡思②，便是迷迷糊糊地睡去，也会有整夜的噩梦缠着他——父亲的疾病、母亲的呼唤、姐妹的埋怨，都在他的噩梦中，这一切都源于他对家乡、对亲人的思念。悲伤而忧郁的体验是身心合一的，"心灵、身体以及意识、情感、行动是可以统一的"③，因此这种悲伤与忧郁，实际上是东北流亡文人生理与心理的双重痛苦。舒群曾说道："这样（对故乡的记忆），常使我胸前感到一阵闷痛，失眠了，直到天

---

① 萧军. 萧军文集 11 [M]. 北京：华夏出版社，2008：70
② 舒群. 1931—1945 东北抗日文学大系 [M]. 哈尔滨：黑龙江大学出版社，2018：496
③ Amita Chatterjee（Jadavpur University），一种互连心灵、身体、意识和情感的自然主义方案（Scheme），2018，8

明。"①萧军的心窝中也同样的沉重、呆板、烦躁······仿佛注满了铅，放下手中的笔，凭着窗栏望着天空中的月亮，他又想起了故乡的月亮，故乡的月亮单纯、高朗、透彻，如同婴孩的眼睛，这一切都牵动着他的乡思，让他成了一个思乡的病患者。②提到故乡，东北流亡文人都是忧郁的思乡病患者，穆木天在1931年将要离开东北在吉林车站时曾经作诗叹"永别了，我的故乡"，这就意味着东北流亡文人离乡时实际上就知道自己此一去可能会与故土成永别。

端木蕻良在《有人问起我的家》中说道：屯驻在西北的东北的健儿们，会想起故园的河水，屋宇，先人的坟，娇弱的妻女······喊出"打回老家去！"的呼声，可是长官却呵斥他们说："当军人的应该四海为家，我们到了哪块，那块就是你的家！"③通过这件事，端木蕻良想到，原来失去了家的人是不该想家的，想家就是罪恶，可他还是会失着眠地想家，牢牢地记住自己的家乡。因此东北流亡文人的这种忧郁来自于离乡太久，归乡无期，更是来自于他们原初故土"身份"的破裂，失去了故土身份，即作为父母的儿子他不再是儿子，作为姐妹的兄弟他不再是兄弟，即便回到故乡也再无他们的立足之地与生存空间。作为一个没有身份

---

① 舒群. 我们沉痛的纪念——"九一八"五周年感言［N］. 1936：每次夜深的时候，街道没了一切的骚声，我也许会记起了一幕一幕的记忆：故乡的战场受难的友人，永无消息的家人，以及冬天飘下的白雪······这样，常使我胸前感到一阵闷痛，失眠了，直到天明。

② 萧军. 萧军文集11［M］. 北京：华夏出版社，2008：106

③ 端木蕻良. 初吻［M］. 北京：华夏出版社，2011：270

的，失去了家乡的人，毫无疑问是耻辱的，煎熬的。在这种情境之下，东北流亡文人新的身份还没有建构起来，所以他们是忧郁的、烦躁的和愤愤不平的。然而凝结成这种情感的因素并不是单一的，还夹杂着东北流亡文人思及故乡时对日本侵略者的憎恨，正是日本敌人的侵略，才使得他们骨肉离散，流离失所。因此东北流亡文人孤独忧郁的背后，实际上也是对敌人的痛恨，对民族遭遇的叹惋和痛惜。这种体验，使得东北六万文人于歌哭之中也保持着难得的清醒，使他们对自己的处境、对民族的未来做出了更充分的思考。

（三）尊重需求受挫与自我实现的体验：流亡之悲转为盗火之喜

东北流亡文人的流亡过程也是他们逐渐建立身份，找寻自身价值，实现个人成长的过程，尊重需求①与自我实现需求②蒙受挫折也使东北流亡文人沉沦在痛苦之中，他们不得不面临着亡省之苦，思家之苦，漂泊之苦……在《萧红书简》中，仅"苦"字就出现了七十九次，《萧红书简》中辑存注释的几十封书简大部分都是1936—1937年之间，由日本东京寄给萧军的，少部分是萧红回国之

---

① 马斯洛. 马斯洛人本哲学 ［M］. 北京：九州出版社，2003：52-58
尊重需求（Esteem needs），属于较高层次的需求，如：成就、名声、地位和晋升机会等。尊重需求既包括对成就或自我价值的个人感觉，也包括他人对自己的认可与尊重。

② 马斯洛. 马斯洛人本哲学 ［M］. 北京：九州出版社，2003：58-65
自我实现需求（Self-actualization），是最高层次的需求，包括针对真善美至高人生境界获得的需求，因此前面四项需求都能满足，最高层次的需求方能相继产生，是一种衍生性需求，如：自我实现，发挥潜能等。

内由北京寄到上海的，是考证萧红流亡时期心态的重要资料。萧红在这封信中曾对萧军说："三郎，我知道我的生命不会太久了，我不愿在生活上再使自己吃苦，再忍受各种折磨了。"由此可见，在流亡途中，东北流亡文人承受了巨大的痛苦，其中从最为敏感、身体状况欠佳的萧红的叙述中流露得最为明显。正因为流浪的生活是苦的，所以萧红在得知自己的弟弟也逃出了东北，来到了上海时，她的内心充满了担忧，怕自己的弟弟也成为一个小"吉卜赛"，过不惯这种流浪的生活。①端木蕻良的《科尔沁旗草原》中，"苦"出现了一百零二次，《科尔沁旗草原》是端木蕻良1933年起创作的作品，是以二十一岁的端木蕻良为部分原型的作品，他将自己的家族往事与亲身经历融入小说之中，由此可知，实际上《科尔沁旗草原》中的矛盾与痛苦实际上也是端木蕻良自己的矛盾与痛苦。

流亡是痛苦的，但流亡也赋予了东北流亡文人成长的力量。流亡的经历使东北流亡文人变得坚强，穆木天在《七年的流亡》中写道："一九三八年九月二日左于昆明：七年的流亡，使我像一个吉卜赛人一样，像一个无钱的犹太人一样，从祖国的东北角，回忆着往事。七年的流亡，使我从流亡者的悲哀，转成了一个盗火者的欢喜。如同游吟诗人一样，我在祖国的腹心里流浪着，我的心，好比一个托钵僧，在苦难中，感到了无限的欢喜！"②在这首诗中，穆木天激情澎湃地描述了七年的流亡历程，

---

① 萧红."九一八"致弟弟书 [N]. 1941
② 穆木天. 穆木天诗文集·七年的流亡 [N]. 1938

七年来他走遍了祖国的海岸线，走过了一个又一个边疆，他感念着故乡，回忆着往事，感受到了祖国的命运多舛，看到了神州大地上燃起的一片又一片战火，但是他没有沉沦于这种悲痛之中。正是因为有着七年的流亡经历，让他看到全民族共同抗战的可能，让他在苦难中成长起来的。然而这并不是他第一次意识到流亡的苦难塑造了他钢铁般的品质，早在一年之前他给高兰写的诗中，就已经满怀激情地写着："六年的磨炼，使我们强健起来了！好多好多的青年朋友，真健全得同钢铁一样了！"流亡中的东北文人经历了超于常人的痛苦和磨砺，也坚定了他们抗战的决心和追求胜利的勇气。萧军在他给萧红信简的注释中曾经说过，尽管政治、社会……环境是恶劣的，但他们从来不悲观，不愁苦，不唉声叹气，不怨天尤人，不垂头丧气……[1]苦难在东北流亡文人的心中萦回着，但他们却在憧憬着未来的荣光。虽然曾面临着被施以冷眼、被歧视误解的处境，但这些都从侧面塑造起东北流亡文人崇尚民族光荣、一雪前耻的信心。萧红在1941年9月1日发表了《给流亡异地的东北同胞书》，在这篇文章中，她声泪俱下地写下了作为流亡者对于家乡的怀恋，以及对于抗战的热忱，她在文章中说，等待了十年的东北同胞他们心中的火越着越亮，路子的显现也越来越清楚了，他们需要做好中国抗战斗争的关键一环，在最后的斗争中沉着应对取得最后的胜利收复失去的

---

① 萧军. 萧红书简［M］. 上海：上海人民出版社，2015：54

故乡。在《"九一八"致弟弟书》中，得知弟弟走上抗战前线之后她是开心的，因为她觉得胜利一定属于这些活泼、快乐、充满力量的年轻人，中国一定不会亡国的，因为有了这些年轻的希望。东北流亡文人从凄凉忧郁的流亡之悲中渐渐站起来了，从这种悲伤之中汲取力量，用痛苦的眼泪滋补他们的力量，一如萧军所作的诗《我是大海中的一块顽强的礁石》①，写出了自己历经流亡的磨难后大无畏的、英勇不屈的精神品质。

抗战时期，苦其心志的流亡历程其实是中国知识分子的成长与成熟之路，他们在流亡的途中接受磨炼，变得坚毅，诸多的经历使他们的思想更趋于成熟，思虑也更加全面，个人的政治修养也得到了很大的提高，同时流亡体验也刺激着东北流亡文人的精神世界。

二、东北流亡文人精神指向：在流亡的荒途中重建文学"新世界"

相比于东北沦陷区的文人通过一种隐晦的反协作、反亲和姿态来进行文学创作，在殖民者所谓的"共荣"环境中进行解殖性书写，东北流亡文人则是态度明确地在流浪的荒途中构建新身份，具

---

① 萧军. 萧军文集14 [M]. 北京：华夏出版社，2008：85 原文：我是大海中的一块顽强的礁石：我的身虽然记留下万千的战斗的伤迹，但是那些浪群的头啊，你们要万万千的碎在我的脚底。也许有一天你们会消灭我，当我存在的时候，绝不低头于你。

有重建新世界的强力和勇气。①在流亡的过程中，东北流亡文人人生节点上的选择有所差异，有的人选择奔向西北，有的人选择逃往西南，因为选择不同，所以流亡体验也有所差异，但这不妨碍东北流亡文人在书写时存在很多共通性，尽管在每个人的作品中表现得有强有弱，或明或显，但都不乏一些共同的精神指向，包括民族意识的表达、生命意识的勃显、阶级意识的突出以及启蒙意识的兴发。

（一）"东北不只是东北人的东北"：共克强敌的民族意识

流落至关内的东北流亡文人，经历了异族敌人的镇压与屠杀和本国同胞的歧视与白眼，这都使他们的民族信念更加坚定，他们所看到的民族解放的希望也更辽远。正如穆木天所说"七年的流亡，在荒凉的祖国里，现在，已经燃烧起了民族解放斗争的灿烂火光"，这时东北流亡文人所说的"民族"不再局限于满族、汉族或者是朝鲜族，而是被燃火燃遍的每一个角落里的民族，都应该凝结成一股绳子，共同对抗强敌，取得全民族的胜利。流亡的经历使他们较早地放弃了狭隘的民族论。"东北"不是"东北人"的"东北"，而是整个中国人的东北，"东北人"有救亡"东北"的责任，别处也有救亡"东北"的责任。萧军在《第几个"九一八"了?》中记录了他与同乡的一段对话："那种浅薄的乡土观念我早没有了，不过一看到'东北人'，不觉得就是感到一点悲凉！这理由我想除开一些风情习惯的关联以外……还是为那

---

① 刘晓丽. 东亚殖民主义与文学 [J]. 伪满时期文学资料整理与研究丛书总序，哈尔滨：哈尔滨北方文艺出版社，2016

同一的命运结着了……我们整整是跑了一个'对角线'……由'东北'到'四川'……"正是因为这七年他们从"东北"流亡到"西南"，看到了日本人对中国人民施以暴行，祖国的每一寸土地都被凌虐着，所以他们的民族信念也就格外坚定，这种强烈的民族意识寓于他们的抗日话语之中。东北流亡文人在这种强烈的民族意识的指引下，创作了大量企图唤醒国人，呼吁枪口一致对外，一起奋勇抗敌的作品，为民族团结与全民抗战做出了很大的贡献。

李辉英的《丰年》《松花江上》，萧军的《八月的乡村》，舒群的《没有祖国的孩子》，罗烽的《呼兰河边》，白朗的《老夫妻》，端木蕻良的《大地的海》等小说作品把各个地方遭受了敌人蹂躏的破败给描绘出来，揭露了敌军犯下的滔天罪恶，从东北地区的沦陷到关内的沦陷，从故乡人民的痛苦到全国人民的痛苦，这些惨烈的图景在他们笔下一一展开，在揭露敌人的同时，更多的是对本民族同胞的强烈期待，他们想要通过文字的力量号召全国各地的人民一同抗日，要调动起一切可以动用起来的力量抗日。就像白朗的《老夫妻》中的张老财，吝啬、贪财、冷漠地活了大半辈子，目睹了敌人的残暴之后，也变成了一个富有激情的人，并且将自己随身携带着的这一生攒下的最后一笔钞票献给了我军的战士们。同样，萧军的《八月的乡村》也提出了一个命题，即：与其为奴隶一般地生，不如有尊严地拼一把，即便死也是光荣地死，是为了自己的志愿，为了杀死敌人，为了做人民革命的先锋。正如陈柱所做的演讲，他们当中有的人是从农民里来的，有的人是从军队中来的……他们这些人历尽千辛万苦聚集在一起是为了赢得一个共同的未来——为那些被蹂躏、被屠杀、被迫害的兄弟姊妹撑起一片天空。李辉英的《松花江上》亦是如此，李辉英在1939年完成了《松花江上》的创作，记述了在松花江边上的一个村子中，义勇军是如何团结起一支抗日力量，来跟侵略者顽强地战斗，保卫自己的家园。这就是东北流亡文人心中升腾起的民族意识，只有众志成城，才能够击败敌人，只要唤起人们斗争的信念，明天就会有红旗插遍我们的国家。实际上，这部作品凝结了李辉英的精神意图——精神抗战，激励全国人民共同抗战，用作者自己的抗战热情点燃更广阔的疆域，号召大家共同保卫祖国。"希望尚未沦陷的地区的同胞们，看看我们沦陷了八年的东北大地上，那些朴实的人们如何组装了武装力量和敌人展开你死我活的斗争，从而增强尚未沦陷地区军民反抗暴敌的决心。"

从散文、随笔、诗歌等流亡书写作品来看，白朗的《探望》《无言的会见》，罗烽的《五年了!!!——纪念我们惨痛的九月，并致故乡善忍的朋友们》，萧军的《弟兄们死了》《第几个"九一八"了?》《为人民而战就与人民永存永在》，穆木天的《民族叙事诗时代》《我们要做真实的诗歌记录者》，萧红的《给流亡异地的东北同胞书》《"九一八"致弟弟书》，舒群的《我们沉痛的纪念——"九一八"五周年感言》《死讯》等诸多文章，都饱含着东北流亡文人的民族情感，他们哀悼的是中华民族，是"与他们同命运的中国人"，他们痛恨的是伤害国人的外来侵略者，他们振臂高呼、热泪盈眶。

这就是东北流亡文人强烈而又深沉的民族意识，这种民族意识烙印在他们的创作当中，成为他们的一大精神指向，在他们从"极北"流落到"极南"的途中，他们不断迫使自己放弃狭隘的民族观念，成为走在时代前沿队伍中的一组人。

（二）唤起双重压迫下的"准奴隶"：救亡式"启蒙"意识

"启蒙"是中国现代思想史上非常重要的一个概念。新文化运动的本质就是企求中国现代化的思想启蒙运动，一批新文化先驱人物集结在《新青年》的文化阵地上积极推进着思想启蒙运动的开展，他们一方面抨击文化专制、倡导思想自由，另一方面广泛吸收和学习西方的先进文化。在这种思想背景下，新文学的第一个十年的文学创作充满了理性批判的色彩，先进的新文学作家们以思想启蒙为宗旨引领新文学创作。李泽厚在"救亡与启蒙双重变奏说"中提到"五四运动包含两个性质不同的运动，一个是新文化运动，一个是学生爱国反帝运动"，在这里李泽厚便认为新文化运动侧重于启蒙向度，学生反帝爱国运动侧重于救亡图存的向度。如果说20世纪20年代还是启蒙与救亡齐头并进，那么到了30年代，思想界发生变化，文学主潮也随着社会变革变得空前政治化，从整体上来看，"救亡"是压倒了"启蒙"的，但实际上"启蒙"只是换了面目存在，在东北流亡文人笔下，启蒙意识依然高涨，但这种启蒙与"新文化运动"之后的启蒙有一定区别，这是一种救亡式"启蒙"意识，东北流亡文人想要实现的

"启蒙"不仅是要把自己还给自己，自己征服自己，他们还要打破封建统治者与殖民者投下的枷锁，解放全民族。

东北流亡文人的救亡式启蒙意识与他们的阶级立场和反抗精神是分不开的，主要是源自于：一是东北流亡文人身上或多或少地都带有"左翼"标识，他们要么是"左翼"的成员，要么是在"左翼"的影响下成长起来、进行创作的，这是他们流亡途中进行身份建构的一个带有阶级性的身份标识。二是流亡所赋予他们更深刻的思考能力，让他们洞察社会与生活本质。三是他们流亡时期受到了精神导师鲁迅的巨大影响。东北流亡文人有很强烈的自由意识，这种自由意识在流亡途中越来越明显，宁愿饿死，也不愿意留在敌人的爪牙下做没有灵魂的幸存者。萧军大声疾呼着："我要恋爱！我也要祖国的自由！"而流亡本身就是掌握自身自由的一种体现，这充分说明了东北流亡文人思想观念中具有启蒙性，做自己想做的事情，解放自己的内心，但这种启蒙又时刻与祖国相连，与民族相连，"敢于和能够闯进明知是痛苦的阵，杀出来，再杀进去……这样才是自己的主人——征服痛苦的王"。这是萧军的观点，他迎向痛苦的流亡，要做自己的主人，但走出东北，他们发现：在敌人铁蹄下的故乡，有罪恶，有不平，有压迫，有死亡，有盈街的乞丐和漫天的哭声……而祖国的关内地区竟然也一样，在美丽的大都市中，依旧有人做牛做马，有人拖人。于是萧军发问："这就是合理的社会吗？这就是我的祖国，我的母亲！"流亡的遭遇深深地刺痛了东北流亡文人的内心，于是他们迫切想要让更多的人醒悟过来。萧军的《八月的乡村》以及萧红的《生死场》都属于鲁迅编辑的"奴隶丛书"系列，当时鲁迅为了使萧红、萧军等青年作家能够走上文坛，不被埋没，拟定了一个名为"奴隶社"的社团，取的即是《国际歌》中"起来，饥寒交迫的奴隶"这一句的含义，意在唤起众多处于封建主义和帝国主义压迫下的奴隶与"准奴隶"反抗这不公平、不合理的世界。《生死场》出版还刊着"只有战斗才能解脱奴隶的命运"，这跟萧红、萧军等一众东北流亡文人的启蒙思想是契合的。

端木蕻良的《科尔沁旗草原》也是这样一部具有启蒙意识的长篇佳作，主人公丁宁的忧郁主义和布尔什维克主义都是因为他走出关外所受到的启蒙而变得强烈起来。虽然端木在文末强调，丁宁并不等同于他本人，但实际上丁宁的成长之路正是一个青年时期的东北流亡文人所经历的成长之路。如果说忧郁根源于辽阔怅惘的科尔沁旗草原，那么他作品中的启蒙色彩却不是天生的，而是在漫长的流亡之路上形成的。

鲁迅对多位东北流亡文人有着深远的影响。萧红、萧军刚到上海时，人生地不熟，语言、习俗各个方面都很不适应，便是鲁迅几乎每隔一天就给他们写一封信，这成了他们孤寂而艰难的流亡生活里的精神慰藉——"我们刚来上海的时候，另外不认识更多的人了……只有他，安慰着两个漂泊的灵魂……"鲁迅关怀着、提携着流落异乡的东北青年文人，给了他们精神上的援助，对于鲁迅的人格认同也使这些东北流亡文人逐渐把鲁迅视为革命营垒中的主帅。在他们看来，于流亡途中将鲁迅的思想传播出去，启迪更多的人，并在自己的作品中延续着启蒙的思想，是他们这些流亡南方的左翼东北作家谁也不会推卸的责任。虽然，东北流亡文人笔下的启蒙是沾染着故乡人血迹的救亡式的启蒙，但毫无疑问，"启蒙"依旧是东北流亡文人书写中的重要精神指向。

（三）踏着血迹迎着阳光继续前进：强劲有力的生命意识

东北流亡文人的生命意识根植于莽莽苍苍、神秘苍凉的东北大地，却因流亡历程中的种种遭际而变得越发深刻，由一粒种子破土成为参天大树。东北流亡文人离开东北的黑土地，流向关内，哈尔滨—青岛—上海—武汉，又从武汉流向西北或西南，漂泊流浪成为他们的命运，不仅要一步步远离故土，更要不断经受生离死别，在这种情境之下，他们对生命的体悟也更加深刻。

一方面是不断经受生离和死别。1934年，罗烽入狱，白朗不得不忍受着锥心的痛苦，写下了声泪控诉的《无言的会见》和《探望》，因为爱人的入狱，所以白朗日里工作、奔走，夜里却整夜失眠，整个人处于焦虑和病态之中。这种经历让她产生了一种幻灭感，仿佛坠入了无限的黑暗当中，如同海上的浮尸，被海浪拍打，没有方向地漂流，直至腐烂。比生离更痛苦的还有死别，罗烽与白朗在1937年失去了他们的第四个孩子，至第四个孩子的时候，白朗更加深刻地体会到失去这个小生命的痛苦。从她捧着逐渐膨胀的肚皮，到孩子出世，她对这个孩子寄予了满满的爱与期望，即便是流浪在异乡的街头，她也并不感到累赘，因为这是一个新的生命，是她与自己爱的人亲手种下的新的希望，因此她把这个孩子看作是一个"珍贵的纪念"。但这个孩子却有先天的疾病，仅在这世上存活了三个多月便夭折了，她不得不跟罗烽一起亲眼看着孩子的小脸儿失去了生机。这种失去至亲至爱的感受在东北流亡文人的世界中却是时常会体验的。在《遗憾，留给了我们》中，白朗写到了好友金剑啸的死讯，金人与舒群也都分别在《血祭》和《死讯》中写到了金剑啸的死，然而这种死讯已经成为家常便饭了，狠狠地叩击着他们的心脏却又不得不轻轻地落下。然而，与死亡太近并没有使东北流亡文人就此消沉，反而激发出了他们身上"凤凰涅槃、浴火重生"的生命力量。他们也没有失去方向，看着一个又一个朋友被敌人杀害，他们发出的是"除了踏着他的血迹仍旧继续斗争下去，还有什么话说"的感慨，这是一种不克阙敌、战则不止的战斗精神。

另一方面就是东北流亡文人流亡途中的见闻使他们对社会有了更深刻的了解，即走出了多灾多难的家乡才发现，原来在祖国的腹地，人们生活得也不尽幸福。在诸多东北流亡文人生平第一次踏出东北的土地，流入关内的时候，他们所感受的是到处"都是一样"——一样生活在生活的碾轧和恐怖里；一样是血腥，一样是无耻，一样是荒淫，凌乱，可恶和贪污……即便暂时脱离日本帝国主义的魔爪，他们的生活状态也并没有得到改善，但是这种普遍性的艰苦让他们萌生了更强烈的生命意识和改革愿望，萧军把流亡途中的自己比作胜利和痛苦中的一条鱼，"他游泳，承受一切痛苦和创伤"，但是他认为只有这样，才能检测出他生命的力量。同样在流亡的苦难中满怀生命激情的还有穆木天，"新的时代，新的现实，新的歌声，新的生命力，是光明的，扫开了一切的云翳！"这是东北流亡文人生命意识的一种体现，即流亡途中的苦痛与斗争的决心发酵成一种歌颂生命与光明的壮烈激情。

东北流亡文人能够在这种流亡的苦痛中攫取生命的力量，虽然苦痛会让人的情感趋于麻木和冷漠，但在这种麻木与冷漠之下，表现出的是生命的韧性，在困境当中活下去，本身就需要一种信念和勇气。鲁迅在为《生死场》作序时曾赞道："然而北方人民对于生的坚强，对于死的挣扎，却往往已经力透纸背。"正是因为流亡途中看过了无数的苦难的田野和村庄，街道和城市，所以生命的强力和坚韧才使得他们充满了歌颂的欲望与激情。这种韧性又像是萧红的《后花园》中的那些植物一样，后花园中的草本植物没什么高贵的，冬天就被大雪埋藏起来。来年春天一打扫，重新种起来，或者根本不需要下种子，它就自己又长出来了，年年代代，循环往复。虽然这些花草没人爱护，从来没人给它们浇水，任由风吹太阳晒，却越开越红，越开越旺盛了，把整个后花园都炫耀得闪眼。后花园里植物旺盛的生命力就象征着东北流亡文人心中的生命力，无论条件多么艰苦，他们都会用生机勃勃的姿态来对抗现实。端木蕻良的《大地的海》塑造出了与自然相互融合的人物形象，苦难没有毁掉一个人，而是将他塑造得更为坚忍和勇敢，具有自强不息的生命意志。这也是为什么勃兰兑斯说："流亡文学更有生命，更有感情，更有急躁不安的力量……"端木蕻良在《大江》中塑造的人物铁岭也是这样一个顽强的充满着生命强力的人物，他受了重伤，但是他在一个晴朗明亮的天气中又醒了过来，他站了起来，仿佛像一个新人似的站了起来……他好像比过去什么时候都勇猛，聪明。他迎着阳光走来，注视着远处的大江，大江带着奔泻的生命淌泻过去，白色的水花泛起，激扬澎湃，涡旋曲折，后浪推着前浪。端木蕻良在《大江》中塑造了一个如同"大江"一般具有汹涌磅礴生命力的人物形象，而这种生命意识也如同大江一样，流淌在东北流亡文人的笔下。

总的来说，东北流亡文人流亡书写的精神底蕴是不屈与寂寞并存，他们不断进行自我建构，企图从迷茫中寻求光明的未来。虽然就个人风格而言，他们并不统一，却又在流亡的过程中凝结成了很多共通之处——首先是以"抗日话语"为中心，凸显出来的强烈民族意识。其次是个人遭遇情感体验与雄强自由的生命意识结合在一起。再者是他们超越表层"左翼"标识而完成的对于救亡式启蒙意识的发扬和表现。东北流亡文人羁旅漂泊的情绪与国破家亡之后的流亡连接在一起，将个人性与民族性统一起来，便构成了东北流亡文人流亡书写的独特之处。

第四章　流亡路上殊章始成：
东北流亡文人独特的书写内容

东北流亡文人的流亡体验不仅影响了他们精神指向的形成，与此同时，也渗透在他们文学创作的主题意旨、人物塑造与流亡意象当中。他们试图在流亡的荒途中建构一个新的文学世界，书写独树一帜的情感体验主题，塑造别具一格的人物形象，并在流亡体验与精神指向的交融之下创造了大量流亡意象，寄予他们的情感体验，表达他们的内心诉求。

一、烽火硝烟中的情感体验主题

在第三章所阐述的流亡体验与精神指向的影响下，东北流亡文人书写中的情感体验的主题主要有两个方面，一个是带有唤醒目的的战争主题，一个是可以称之为思乡情全面表达的怀乡主题。

（一）故土烽火与含泪唤醒：战争主题

在中国现代抗战文学史上，东北流亡文人是最早介入抗日文学书写的。与东北沦陷区的作家们不同，他们离开了日军侵占的故乡，这为他们赢得了相对宽松的书写环境，随着流亡途中阅历渐长，战火逐步扩大，他们的战争主题作品也传播得越来越广，这与他们的民族意识密不可分。而留在东北地区的东北沦陷区作家，他们受到了日军和伪满政府的高压统治，因此很难大张旗鼓地开展抗日文学作品的书写，不然就会面临与金剑啸一样的后果——被日军残忍杀害。所以东北沦陷区的作家创作的作品更多以反封建为主题，对于抗日题材的战争主题，主要采取的是"曲笔抗战"的方式。故而东北流亡文人笔下的战争主题作品更加暴露大胆，意旨明确。

在东北流亡文人当中，李辉英是开抗日主题小说书写的第一人。他率先发表短篇小说《最后一课》，这篇作品开抗日文学创作先声，讲述了"九一八"之后日寇在吉林省长春市的暴行，一名姓张的女教员教"我们"不要做亡国奴，秘密进行爱国活动，张教员被敌人抓捕后受到威逼利诱但仍旧没有屈服，反抗逃脱，日本兵疯狂搜捕她，这件事情鼓舞了"我"，文章中的"我"准备第二天仍然要去做"我"预备好的工作（意指拒绝成为亡国奴的爱国活动）。李辉英通过这篇文章，想要表达的是沦陷区的人民必须要学会反抗，他痛心疾首：为什么还有中国人帮助日本人抓捕屠杀自己的同胞？这篇文章于1932年1月20日发表于《北斗》第二卷第一期。在此之后，李辉英又进行了长篇抗战文学的创作，1932年5月30日，李辉英的长篇小说《万宝山》脱稿，并于次年3月出版。《万宝山》揭露了日本侵略者在东北地区的侵略阴谋和罪行。为了能够更真实地了解日军在东北地区的暴行，李辉英还曾在1932年离开上海，偷偷潜回已经成立伪满洲国的东北，回到故乡了解情况。历时三个月，他充分了解了故乡人民生活在水深火热之中的惨状，在作品中真实地反映了日本帝国主义和伪满洲国统治的黑暗、残酷。他以沿途的见闻创作了《回了故乡——吉林》《吉林街头》《在哈尔滨》《南满线上》等散文，以铁的事实揭露日本帝国主义的罪行。李辉英的抗战文学创作形式多样，除了小说、散文创作以外，他还创作了大量小戏以及反映抗战的报告文学，如《北运河上》等。李辉英在创作自述中曾说过："我是在1931年，'九一八'事变以后，因为愤怒于一夜之间，失去了沈阳、长春两城，以不旋踵间，又失去了整个东北四省的大片土地和三千万人民被奴役的亡国亡省痛心的情况下，起而执笔为文的。"由此可见，战争主题在李辉英创作中所占的分量。

穆木天的诗歌散文创作中也包含了大量的战争主题，使用壮怀激烈的言语。这不同于他在20世纪20年代朦胧纯粹的诗歌创作，他的《民族叙事诗时代》《我们要做真实的诗歌记录者》《南国的花火一般地红》《我并不悲观》等都洋溢着他对故乡人民苦痛的忧虑，表达着抗战的决心。舒群的战争题材作品也很丰富，有短篇小说《没有祖国的孩子》《战地》《蒙古之夜》，中篇小说《老兵》等作品，也都反映了战争环境下，人民所遭受的屈辱和痛苦。在《蒙古之夜》中，一位善良的蒙古族少女救助了被日本人追杀的游击队战士，她帮助"我"躲过了敌人的搜捕，自己却被敌人残忍杀害。《战地》则是叙述了一组从前线退却下来的军人遭遇敌人，与敌人顽强拼杀的故事，他们意志坚定，宁愿死也不做敌人的俘虏。端木蕻良的《大江》《柳条边外》《萝卜窖》《螺蛳谷》《风陵渡》等作品，都以小人物的视角还原着战争的罪恶，鞭挞了万恶的日本侵略者，赞颂了爱国军民的勇气和决心。萧军的《八月的乡村》，罗烽的《归来》与白朗《老夫妻》《战地日记》等作品，也都是战争主题的作品，痛斥日本人的残暴侵略行为，流露出了对中国人民觉醒和抗争的期望。

萧红的作品当中也有大量的战争主题的书写，但萧红对于战争主题的书写加入了更多的反思性和启蒙性，即唤醒沉睡的国人进行抗争，将自己的命运掌握在自己的手中。萧红的《生死场》是最典型的作品，从混混沌沌地生，混混沌沌地死，到觉醒起来，共同反抗。萧红期待能够通过战争，来让更多的人意识到自己被奴隶的处境，能够充满危机感，最终走上反抗的道路。《黄河》也是一个这样的故事，阎胡子说："俺想，赵城可离火线二三百里，许是不要紧……赵城俺本有个叔叔，他说那边，日本人慢慢地都想法子把中国人致死，依着我就不怕，可是俺老婆说俺还有孩子啦，因此俺就跑到俺叔叔这来……慢慢地活转几个钱……"在他们看来，即便日本兵来了，灾难也降临不到他们的头上，在国家生死存亡的状态下，他们所在意的依旧是老婆孩子热炕头。《旷野的呼喊》中陈公公的儿子当了义勇军，一群热血的爱国青年弄翻了日本人的火车，日本人抓走了他们，从陈公公的儿子身上，我们看到了民族抗争的希望，但是陈公公作为老一辈的不觉醒的农民，是需要被唤醒的灵魂。

在东北流亡文人的作品中，日军凌虐屠杀爱国人民的惨剧时有发生。他们来自于被敌人侵略的东北，沿途的流亡又使他们遇见了更多的战乱和伤亡，因此他们对于同胞的同情，对于日本侵略者的仇恨，以及对于战争的憎恨之情都流淌在作品的字里行间，期待着唤醒更多的同胞共同抵抗侵略者，收复共同的家园。

（二）思乡情的文学镜像：怀乡主题

东北流亡文人笔下的乡土与众多现代文学史上的怀乡题材作家笔下的乡土有所不同，这是因为东北流亡文人的乡土之思感怀的是回不去的乡土——家乡已经沦陷，他们在故乡的身份也已经丧失，因此他们的乡土之思是个人流亡的痛苦体验与国破家亡的社会背景交织在一起的书写，是个人主体与时代苦难遇合的产物。无论是中国现代文学史上的乡土小说作家笔下黑暗蛮化的故乡，还是京派文人带着和谐宁静的审美理想的乡土世界，与东北流亡文人的乡土书写都是不同的，这些从故乡走出侨寓外地的文人学者都是为了谋求更好的发展，主观性需要是他们离乡的主要因素，他们即便留在家乡，依旧可以生存。但东北流亡文人是因为故乡的生存环境极度恶化，不得不离开故乡寻求生路，如果他们回到故乡，需要冒着生命的危险。因此，东北流亡文人流亡途中的乡土书写是在感怀真正的"回不去的故乡"。长期以来，乡土主题都作为东北流亡文人显性抗战主题之下的潜隐性主题而存在，但实际上这也是流亡途中东北文人书写特色的重要体现。

穆木天在《黄浦江舟中》中记述：他看着眼前的黄浦江想到了故乡的松花江，他想象着，在松花江上度过的儿时的黄金时代，想起了松花江两岸的沃野千里。对家乡的怀念油然而生，却又无法归乡，现在的松花江洒满了民族的鲜血，早已不是记忆中自己长大的那个地方。这种乡土主题与战争有着密切的联系，是飘摇破碎之中的令人怀念又痛惜的乡土。李辉英更是将自己的故乡情结融入创作之中，在小说《松花江上》里他酣畅淋漓地表达着对故乡的怀念，"松花江畔的丰饶沃土""江面洁白的波纹""黑色的松软的土地"……李辉英用满含深情的笔触描摹着这些东北大地上常见的景象。

端木蕻良的《科尔沁旗草原》《大地的海》《大江》《遥远的风砂》《乡愁》等作品也都在不同的程度上反映了作者对故乡厚重的情感。在《大江》中，对于"家乡"有过五次明确的描述，第一次描述是"它们是他梦想的最高境界，流浪的人，差不多一步想迈进家门。他一看到家乡的柳梢，他便感到人生的充实了……"这是在第一章中对于家乡的一个总的感受，是主人公铁岭对于家的感受，也是端木蕻良对于家的感受，虽然这个家中有很多令人不愉悦的东西，却是他生长的窝巢，因此当铁岭等一众猎人的猎物被日本人和朝鲜浪人搜走之后，铁岭没有跟其他猎户一起拉帮结派，而是回到了家。第二次描述是铁岭加入了游击队之后，他累了歪在草地上，高原地带的黄澄澄的家乡的菜园一样的花朵，把他带进了更深一层的怀乡病似的忧郁。这是出现在第四章中的"家乡"，实际上描述的是离家在外的铁岭对家乡的思念，思乡令他感伤而忧郁，这种情绪暗合了流亡在外的东北流亡文人的情绪。第三次描述出现在第七章，铁岭做着乡亲们的工作："大家不要慌神，荒神没有用场，跟我们打仗去，保家乡，保住了家乡有风光！"这个时候的铁岭是一个成熟的游击队员，他渴望能够发动更多的同胞跟他们一起抗战，保卫家乡，但这并不是一件容易的事情。第四次描述出现在第十章，残酷的战争进行着，一个十八岁的小兵在前一天的大战中被炸去了右手，但他的左手中还紧紧握着一支枪，他被一个佛教救护团的老年和尚救起来，小兵向四处观望看到了金黄的麦子。文章中有一段这样的对话："（小兵）这麦子要收割了。（老和尚）他们在那里攻城哩！（小兵）我们家乡的麦子也该熟了。（老和尚）我们是第三次总攻击了。（小兵）不知道我们能打胜不能。"老和尚没有说话，仿佛不愿意打扰他，只是问他还喝不喝水。然后小兵问他："老师父，我许不死吧？"老和尚看了看他的手臂，又看了他的结实的双脚，点点头对他说："你会站起来的。"这个孩子的脸上掠过一丝近乎光明的笑痕，他想要举起枪来喊口号，可是剧烈的疼痛使他再次晕厥过去，他的口中却还喃喃道："麦子要收割了，我得回家，谁帮我爹收麦子呢？"毫无疑问，无论是强烈的思乡之情还是抗争的精神，都是极其打动人心的。就是这样一个平凡的小人物身上的隐忍和坚持，以及无法控制的思乡之情，才格外具有振聋发聩的艺术性，也更具有感染力。最后一次对于"家乡"的描述也是整篇文章的高潮部分，主人公铁岭在又一次冲锋中受了重伤，濒临死亡的边缘，铁岭做着噩梦，胡乱呓语，在这种意识薄弱的濒死的状态下，铁岭恍惚间仿佛自己已经回到了家乡——"山是白的，水也是白的，林木也是白的，大地被霜雪封锁着，连一个生人的脚印也没有……"在这种状态下，铁岭想到的是自己的家乡，由此可见，对家乡的印记深刻在每一个漂泊在外的游子身上，东北流亡文人对故乡的思念也就不言而喻。《大江》为我们呈现出来的"家乡"观念是一个动态的"家乡"观念，随着人物主观体验的加深而不断变化，这也是东北流亡文人"家乡"观念的一个特征，感情逐步递进、汹涌，变得愈加热烈。

萧红的《生死场》《呼兰河传》《莲花池》《后花园》等也都是乡土主题的作品，通过回忆故乡，或以一个幼孩的视角来对乡土主题的内容加以描述，或表达出萧红对于不幸者的同情，或表达出对家的温暖的怀念（主要来自于她的祖父）与对爱的渴望，虽然故事的笔调不同，描写的故事各异，但情感真挚意蕴深厚。在《莲花池》中，萧红塑造了一个孩童小豆和爷爷的形象，在故事中用温情脉脉的笔触描绘了一个乡土世界——有湖边的莲花池，有厚墩墩毛烘烘的小草，有活泼的小黄蝴蝶，有靠近着土堆的大柳树……这一切的温馨和宁静都因东北地区沦陷而烟消云散。《后花园》中不同的时节有不同的景象，5月里有花开，6月份有各种各样的果子，后花园也会格外热闹，有蝴蝶、蜻蜓、螳螂、蚂蚱……生机勃勃的后花园是作者记忆中美好的存在，流亡之后再也看不到家乡的景色了，后花园在作者记忆中就是美好家园的象征。萧红在《后花园，祖父和我》中就曾说到她非常喜欢跟祖父一起在后花园玩耍，慢慢地，祖父、后花园还有她成为不可少的三样了。虽然因为萧红与父亲关系紧张的缘故，她并不特别恋家，但对于家中与祖父有关的温暖明媚的一面，萧红依旧是念念不忘的——"刮了风，下了雨，祖父不知怎样，在我却是非常寂寞的了"。萧红的代表作《呼兰河传》更是一部怀念故乡和童年的力作，她在作品的尾声一章中提到："呼兰河这小城里边，以前住着我的祖父，现在埋着我的祖父。……从前那后花园的主人，而今不见了。老主人死了，小主人逃荒去了。……以上我写的不是什么幽美的故事，只因他们充满我童年的记忆，忘却不了，难以忘却，就记在这里了。"故乡的一切，不见得尽是美好，却在东北流亡文人的心中留下最无法磨灭的印象，正是因为对故乡刻骨铭心的记忆，所以流亡在外的东北文人无时无刻不在怀念着故乡，这也成就了东北流亡文人笔下的乡土主题作品。

（三）救亡与革命的双重变奏：抗日统一战线中的救国与救民

"五四"时期，中国新文化运动的主题是启蒙与救亡，但随着"时代危亡局势与剧烈的现实斗争加剧，迫使政治救亡的主题又一次全面压倒了思想启蒙的主题。"[①]东北流亡作家在流亡过程中遭遇的身份危机与社会生活的转变，促使他们积极响应左翼文坛关于"作家必须抓紧反帝国主义的题材"的号召，同时也顺应了抗日统一战线背景之下的文化政治诉求。

暴行的揭露和苦难的描写与东北作家本身的生活遭际与流亡经历紧密相关，表征着强烈的切身性、悲愤性与抗争性。他们渴望改变中国被侵略的屈辱现实与故乡人民被奴役践踏的惨状，愤而执笔为文。端木蕻良曾对此做出形容，他认为故乡的人民已是双重的奴隶，当权者在大观园里逍遥，并将土地断送给敌人，因此做奴隶的人们想用他们粗拙的力量将这些土地讨回。李辉英在创作自述中说："我是在1931年，'九一八'事变以后，因为愤怒于一夜之间，失去了沈阳、长春两城，以不旋踵间，又失去了整个东北四省的大片土地和三千万人民被奴役的亡国亡省痛心的情况下，起而执笔为文的。"[②]罗烽指出："我不过是一只被灾荒迫出乡土的乌鸦，飞到这'太平盛世'，用我粗糙、刺耳的嗓门，把

---

① 李泽厚：《中国现代思想史论》，生活·读书·新知三联书店2008年版，第29页。
② 马蹄疾：《李辉英传略》，春风文艺出版社1988年版，第4—5页。

我几年来积闷的痛苦倾泻出来就算完事。"[①] 为唤起全国人民的抗战热情，将抗日统一战线延伸到人民群众内部，萧军在《第几个"九一八"了？》中喊出了"中国抗战必胜；建国必成"的口号。东北流亡左翼作家揭露了侵略者犯下的滔天罪恶，并将家园破败不堪与人民饱受欺压的惨烈图景——展开，在揭露敌人暴行的同时也对全国同胞倾注了更多的期待——号召全国各地人民共同反帝抗日，完成救亡图存的斗争，表现出了将个人的生活体验与实际命运提升到整个民族乃至国家命运的高度来表现的创作思想。

应该强调的是，与一般抗日救亡文艺作品不同的是，东北流亡左翼作家的书写凸显了底层大众的阶级意识，是民族主义、爱国主义与国际主义的多向融合，因此，刻画受压迫与被损害民众不屈不挠奋起抗争的形象，自然成为东北流亡左翼作家书写的重要主题。这种对抗争的呼吁并不限于本民族所受到的压迫，而是趋向于马克思、恩格斯在《论波兰问题》演说中所论及的"我们共同的力量将战胜我们共同的压迫者"[②]的思想。因此，他们的笔描写了不同的弱小民族并号召全世界的被压迫民族共同进行反抗：舒群在《沙漠的火花》中描写了蒙古人民在日本侵略者的压迫之下觉醒，进行奋勇反抗的壮举；端木蕻良在《大地的海》中塑造了一个发动并帮助农民反抗压迫的朝鲜同志；舒群的《无国

---

① 罗烽：《呼兰河边》，北新书局民国二十六年版，第3页。

② 马克思，恩格斯：《马克思恩格斯选集》，第一卷，人民出版社1972年版，第298页。

籍的人们》、萧军的《羊》、罗烽的《麦考夫的发》以及萧红的《访问》等俄侨叙事作品对东北流亡左翼作家去民族化的革命书写有了更彻底的表现——所有弱小国家与民族的身处于社会底层的"穷党"（底层人物、劳苦大众）都在饱受贫穷的折磨与敌人的压迫，因此东北流亡左翼作家为全人类中的底层人物发声。萧军在《这是常有的事》中描写了两个被剥削的悲惨老人，在为他们感到悲痛的同时作者意识到"他们是被剥削的铁鞭抽打老了的"[①]；萧红的《饿》中写到一个女人带着两个小孩在街上讨饭，街上没人理她，"都像说她有孩子不对，穷就不该有孩子，有也应该饿死"[②]，东北流亡左翼作家既表达了对穷苦人民的同情，也表达了他们对压迫人的统治阶级的憎恨和抗争的决心。于是，萧军在《八月的乡村》中描绘了抗战队员高声歌唱《国际歌》的场景："起来！饥寒交迫的奴隶……起来！全世界的罪人……"[③]穆木天在诗歌中写道："工人农人越发地受剥削，但是他们反帝热情也越发高涨。压迫，剥削，帝国主义的屠杀，反帝，抗日，那一切民众的高涨情绪，我们歌唱这种矛盾和他的意义，从这种矛盾中去创造伟大的世纪。"[④]

东北流亡左翼作家在歌唱"这种矛盾和他的意义"的同时，

---

① 萧军：《萧军全集》，第一卷，华夏出版社2008年版，第205页。
② 萧红：《萧红全集》，哈尔滨出版社1991年版，第917页。
③ 萧军：《萧军全集》，第一卷，华夏出版社2008年版，第51页。
④ 穆木天：《穆木天诗文集》，时代文艺出版社1985年版，第74页。

也在流亡书写中自觉完成了"压迫—解放"的叙事模式探索。他们将个人情感的微观体验与国家和民族命运的宏观叙事结合起来，形成了一个被压迫人民必将奋起抗争并最终获得解放的叙事结构。白朗在《老夫妻》中勾勒了一个吝啬、冷漠、背负着沉重封建精神包袱的农民张老财，他在目睹了敌人的残暴压迫之后慢慢燃起了反抗的激情；端木蕻良在《浑河的激流》中描写了浑河岸边的猎户对伪满统治者的激烈反抗；罗烽在《胜利》中讲述了一群苦力在工头手下做活儿，拿不到工钱还要遭受毒打，最后奋起反抗的故事……《丰年》《八月的乡村》《生死场》等作品中也都表现出了同样的叙事模式。在"九一八"事变与抗日战争的宏阔背景下，东北流亡左翼作家"首先揭示了大地上觉醒抗争的普遍性与广泛性，生动再现了在灾难降临的变动时刻，广大的人群纷纷从压迫中觉醒，从挣扎中奋起，汇成一股被奴役人民不甘屈服的宏大历史潮流"①。在经历战争与苦痛的灾难中，东北流亡左翼作家看到了救亡与革命的希望，也充分认识到了战争的最后胜利必要"从抖去阻害民族活力的死的渣滓，启发蕴藏在民众里面的伟大力量而得到"②，因此东北流亡左翼作家作品在表达上呈现出酣畅淋漓的呐喊疾呼、奋力歌哭的外倾性特点，整体上文风沛

---

① 逄增玉：《黑土地文化与东北作家群》，湖南教育出版社1995年版，第269页。

② 胡风：《愿和读者一同成长：代致辞》，《七月》半月刊1937年第1期，第1页。

然、情感激荡。就像端木蕻良在《大地的海》中所塑造的文学景观，幽远寥廓、震撼心灵的景物描写奠定了文章的总基调；大地如同母亲，作为儿子的"我"与大地母亲间有着割不断的联系，因此"我"有着为母亲战斗到底的勇气，这种安泰俄斯式的神秘联系与令人景仰的勇气如同古希腊神话似的悲剧崇高，又带有异教徒一般的狂热。正如穆木天所言："我们要在这个大时代中，做一个洪亮的回声，做一个清醒的喇叭手，民族的生命已燃烧到白热。"①他们怀着对救亡与革命的无限热情，愿意以"伟大的民族叙事诗的渺小记录者"身份而存在。

　　总之，在抗日统一战线文艺运动的大背景下，东北流亡左翼作家必然要"投入这个救亡的革命潮流中，都在由爱国而革命这条道路上贡献出自己，并且长期处在军事斗争和战争形势下"②。与此同时，他们自身的流亡体验与革命意志也都渗透在"救国"与"救民"的文学创作中，共同交织成一种激情，能够激发起每一个中国人深层心理中的救亡意识和革命精神。然而，应该看到的是，东北流亡左翼作家从一开始便背负着的身份缺失、故土记忆与革命想象的多重文化情结，使他们呈现出来的文学样态并不同于一般的左翼文学，也正是这些独特的社会生活经历与情感体验生成了东北流亡书写中的独特艺术风格。

---

① 穆木天：《穆木天诗文集》，时代文艺出版社1985年版，第131页。
② 李泽厚：《中国现代思想史论》，生活·读书·新知三联书店2008年版，第30页。

二、寄托流亡灵魂的人物系列

东北流亡文人塑造了一大批"典型环境"中的"典型人物",即符合流亡环境、在流亡体验中生成的人物形象,他们能够充分体现出流亡背景下人物所具有的主要特征。这些人物的性格气质是在流亡的环境中所形成的,同时流亡环境又成为促使他们行动的客观条件。因为人物在环境面前具有一定的能动性,所以他们又会通过相应的行为来改善一直限制制约着他们的环境。在东北流亡文人的笔下,他们塑造了大量的寄托着流亡者灵魂的人物形象。

(一) 飘荡与斗争的合体:"流浪汉"男性

"流浪汉"小说起源于16世纪中叶的西班牙,最早的《小癞子》开了"流浪汉"小说的先河,在这一类小说中的"流浪汉"往往是玩世不恭、缺乏道德标准、比较具有反抗精神的人物,著名学者纪昂曾提出比较中肯的评价:"因为流浪汉是一个批评家和一个反叛者,所以他的叛逆态度包含着积极的精神价值。"由此可知,"流浪汉"作为一个"批评者",看待世界必然会有自己的观点,能够看到寻常人所看不到的地方;作为一个"反叛者",他必然是生机勃勃的、具有战斗精神的人物。东北流亡文人长期漂泊流浪,他们的笔下也出现了很多具有象征意义的"流浪汉"性格的男性形象,这种"流浪汉"性格的男性与西班牙

"流浪汉"小说中的流浪汉形象是不同的，但对于"流浪汉"性格的认定，我们却可引以为参考。现代著名散文家梁遇春曾对"流浪汉"人物的性格特征做出这样的描述："流浪汉……却具有男性的健全。他敢赤身露体地和生命肉搏，打个你死我活。不管流浪汉的结果如何，他的生活是有力的，充满趣味的，他没有白过一生，他尝尽人生的各种味道。"①梁遇春描述中的"流浪汉"性格就与东北流亡文人笔下的"流浪汉"性格人物形象非常接近了。东北流亡文人笔下的"流浪汉"性格人物分为两大类，一类是抗争式的流浪者形象。另一类则是知识分子流浪者形象。

抗争式的流浪者形象在东北流亡文人的笔下比较多见。萧军的《八月的乡村》中的铁鹰队长、刘大个子、唐老疙瘩等人物都是失去了家园被迫走上流亡之路进行抗争的流浪者。面对凶残的敌人，他们没有退缩，而是从四面八方汇聚到一起，与敌人进行英勇的斗争。《第三代》中的胡子海交和刘元也是萧军笔下颇有硬汉色彩的抗争式流浪者形象，作为胡子，他们曾经对一切剥削压迫他们的社会进行原始性的反抗，并勇敢争取自身的生存利益；但经历得越来越多之后，他们逐渐展现出了侠义性的英雄气魄，用生命与敌人进行搏斗，尽管战败的结果无法避免，但他们宁肯站着死也不愿跪着亡。在这些流浪汉的身上具有不屈不挠、宁折不弯的反抗精神。端木蕻良的《风陵渡》中的主人公马老汉

① 梁遇春. 谈"流浪汉"[J]. 梁遇春代表作 [M]. 北京：华夏出版社，1999：48-50

五十多岁了，他孤身一人，没什么亲戚朋友，可是在日本兵驻扎到村子里时，他还能保持着不做亡国奴的思想。一天晚上两个日本兵要他撑船去找花姑娘，他拼上了自己的性命将船开到了漩涡之中，让两个日本兵丧了命，他发出了复仇的大笑。在东北流亡文人的笔下，这些带有"流浪汉"性格的人物不论年纪大小，不论什么职业，都是坚忍、不屈服的。在舒群的作品《祖国的伤痕》中，作者刻画了一个负伤的军人，他流落街头，忍受着大家的嘲笑和欺侮，"不整齐而破旧的军服，惨白的脸色，头发很长，长至颈下。在他那颓败的神情中，潜伏着一种流离的痛苦"。虽然文章中的主人公饱受着流离之苦，但他又是坚定不移的，他的眼中有"不可抑制的骄傲"，他是平凡而伟大的流浪战士，具有坚定不屈、矢志不移的品格。罗烽的《胜利》中讲述了一群苦力跟工头要工钱的故事，工头非但没给工钱，还不准许他们离开，如果离开就要接受工头的毒打。就在这时，这些流浪着的苦力决定跟工头拼一拼——山东哥们，天不怕，地不怕的，挽起袖子，握紧拳，冲上去对着工头就是一拳。乱哄哄的一节车厢空了，因为所有的苦力都跳到了站台上，他们发作了，反抗着这种公开的侮辱。在他们身上，我们可以看到燃烧起来的反抗火焰，他们是一群不示弱的苦力，虽然身份低微，但他们同样赢取了这场"斗争"的胜利，一群"蚂蚁"战胜了这条为非作歹、剥削压迫的"长蛇"。实际上，中国现代文学史上的流亡文人，他们是"把那些在生活重压下强烈求生的欲望和朦胧反抗的冲动，刻画在创作里"①。因此，这些"流浪汉"们具有的反抗精神，是在漂泊伶仃的途中，反抗无助的人生，是在封建主义与帝国主义的压迫下与奔波生活中的有力反击，是蓬勃生命力的一个反映，这与东北流亡文人的生命意识是分不开的。他们笔下流亡于全国各地的东北战士心中怀着坚定的信仰与目标，正是热爱自由、毫不屈服的东北流亡文人心境的真实写照。

除了这种抗争式的流浪汉，还有知识分子型的流浪汉，他们更多的是在人生道路上迷惘彷徨，身上具有二元性特点。就如同端木蕻良《科尔沁旗草原》中的丁宁，在他身上有来自于关东大地上地主身份的骄傲，有在关内受过启蒙的"新知识分子"精神，因此丁宁这一人物形象成为"利己主义、民族主义、感伤主义和布尔什维克主义"的结合体，这正是经历了流亡生活的东北流亡文人思想的一个层面，即在身份建构的过程中，价值观和思想观念的复杂多变。因此，这一类知识分子更像是精神流浪汉，在流亡途中想要完成自己以及他者的拯救和改造。

相比于东北流亡文人笔下富有反抗精神和生命强力的流浪汉性格的男性形象，东北沦陷区的文人们塑造得更多的是"多余人"的男性形象，他们懦弱无能，陷入无边的忧郁，这也符合日本军国主义殖民统治下的大多数知识青年形象的特点。如古丁《竹林》中的嵇康，爵青的短篇小说《群像》中的"我"，以及

---

① 艾芜. 关于小说题材的通信·去信 [N]. 1932

《溃走》中的青年医生吕奋等人，都是忧郁的悲观主义者，或者是忧郁症患者，这是在日本侵略者高压统治下造成的病态人物心理，实际上也是一种对殖民地意识形态的消极反叛和消解。[①]

（二）无家可归的坚强人：逐渐觉醒的女性

舒群的《画家》中的主人公是一个女画家，她想要为自己的丈夫画一幅肖像画，当她接受日本宪兵的检查时，为了保护被自己看得比生命还重的画像，受到了宪兵的侮辱，非常艰难地保住了这幅画。回到上海之后，她却得知自己的丈夫被捕，她成了一个无家可归的人，食不果腹、露宿街头，不得不流浪着。最后店员瞒着她当了这幅画，得知这个消息她悲恸欲绝。她画了很多幅作品如《死了的故乡》《反抗》等，这都反映了《画家》中的女主人公内心的煎熬和痛苦，失去了丈夫，没有了家园，自己又要受到敌人的嘲笑和侮辱。在国破家亡的背景下，一个女人在她的流亡途中并没有什么尊严和权利可言。《婚夜》中的小兰独自远走他乡寻找与自己定亲的夫家，小兰一路流浪历尽艰辛，甚至惨遭岗兵的猥亵，终于找到了自己的夫家。小兰与自己呆板木讷的丈夫草草拜堂成亲，新婚之夜开始了，但小兰的丈夫随即就被日本鬼子抓走充当壮丁。在这篇文章中，小兰是没什么社会地位的，属于一个社会边缘性的人物，她软弱无奈，很容易遭到欺凌，但她又是坚强的，在新婚离别的时候，她没有掉一滴泪，将

---

① Norman Smith. 伪满，真郁 [J]. 创伤：东亚殖民主义与文学 [M]. 上海：上海三联书店，2017：415-423

自己从娘家带来的两角钱"从自己的衣袋移到他的衣袋里去"。

在《王阿嫂的死》中的王阿嫂与小环都是处于人生和社会边缘性的女性，王阿嫂的丈夫王大哥被地主活活烧死，王阿嫂失去丈夫，挺着大肚子又被地主踢了一脚，五天都没有出门，终日以泪洗面，最后因为生下了小生命而死去，小生命也没有存活下来，不到五分钟就死去了。小环在自己的亲生父母死去，养父母王大哥和王阿嫂也死去之后，彻底变成了无家可归的小流浪者——"她两手扣在膝间，头搭在手上，小辫在脖子上随风吹动着，她是个天然的小流浪者。"处于社会边缘的儿女只能流浪，坚强地活下去，这就是流亡途中的萧红所感受到的道理。这些女性都是处于社会边缘的人物，萧红在流亡多年之后，发现这个世界上其他地方的女性天空也依旧是低的，大部分女性没有自己的发展空间，她们不得不接受被别人安排好的命运，也不得不忍受命运的变故所带来的一切痛苦与磨难。就像《广告副手》中的芹，为了生计做着艰难的广告副手的工作，因为广告牌被她弄上了一条红条痕，于是鉴赏着广告牌的男人说"……女人为什么要做这种行道？真是过于拙笨了，过于想不开了……"最后，芹还是免不了被影院的经理解雇的命运，生活再度陷入困境。白朗的《生与死》中的老伯母，儿子被日本人杀死了，媳妇被日本人奸污后服毒自尽，而她却毅然决然地承担起了为儿子和儿媳复仇的任务，她不图回报地帮助着监狱中的八个女政治犯（反抗日军的爱国人士），不惜牺牲自己的生命。

端木蕻良笔下女性形象众多，在流亡早期他笔下的女性形象主要是受封建礼教和宗法制度迫害的女性。她们在这种边缘性的生存环境中，即使只是为了寻求一丝安慰、一线生机也会挣扎，在挣扎的过程中，就会丢掉年轻时期的纯真与善良，变得阴狠歹毒，成为男权社会的一部分，甚至是男权社会的帮凶。《科尔沁旗草原》中的"母亲"就是这样一个人物，她由当初的慈爱善良渐渐演变成暴戾残酷的人物，彻底失去了女性身上的善良与美好。在丁宁的引诱下，侍女灵子怀孕了，得知了这件事，"母亲"居然逼迫灵子服毒自尽，由此可见在封建社会中长期处于边缘性的地位之下的女性心灵的扭曲和变态。有时，她们也会发出疑问，进行反思，《早春》中的"母亲"，自己沦为男权世界中的牺牲品和生育孩子的工具后，她不禁发出了疑问："咱们女人为什么一定要出嫁呢？"因为出嫁就意味着被人挑三拣四、说短论长，还要将一堆孩子推到你的怀里，容颜变老，受罪无数。这实际上是一种女性意识的觉醒，女性想要除了女儿、妻子和母亲这三个身份以外的属于自己的生命价值，这便是在流亡的过程中端木蕻良等人所看到的女性意识逐渐觉醒现象的一个体现。《浑河的急流》中的水芹子就是一个具有抗争精神的女性，她鼓舞自己的恋人走上抗日的前线，对她的恋人说她自己可以照顾自己，哪怕用"画眉炭子"涂了脸，她也希望自己的恋人能够去发挥更大的作用。甚至幻想着自己可以做一位女将军，用他们自己的血把浑河的水澄清……这篇文章发表于1937年2月，当时端木蕻良已经流亡了多年，故乡也已经沦陷多年，多年的流亡经历使他更富有战斗和反抗的精神，这种精神在创作中得到了体现。比起东北沦陷区文学中的神经质与精神萎靡的女性，东北流亡文人笔下的女性则是完成了从服从到反抗、从麻木到觉醒的过程。

（三）苦难之上的思乡病："想要回家"的孩子

借孩子的嘴说出回家的心愿，也是东北流亡文人创作时时常使用的方法，因此他们在文章当中塑造了很多想要回家的孩子的形象。萧红《莲花池》中的孩子小豆一遍一遍地对爷爷说："爷爷，回家吧。"他想要回家，不想待在日本人的家里，日本人怒火中烧，冲他吼道："回家！你哪有家！"小豆被日本人残忍踢晕，本就体弱的他最后还是没能活下来，小豆爷爷最后的希望也破灭了。在端木蕻良的《乡愁》中也有一个想要回家的孩子——星儿。这是一篇短篇小说，但"星儿问：'奶奶，咱们什么时候回家？'"一共出现了五次，星儿问叔叔什么时候回家问了一次，星儿在睡梦中还曾回到自己的故乡，有菜园，有凉丝丝的水井，还有爸爸在大树下给他讲故事……梦中这一切的美好突然被打破了，因为日本兵侵占了他的家乡，他的爸爸为了抗敌再也回不来了。他哭着从梦中醒来，想要跟爸爸回家，可梦中的一切都是现实中发生过的，他的家的确被日本人占领了，他的爸爸也的确回不来了。星儿身体不好，一直生病，在病中也一直问奶奶什么时候能回家，在家的时候他从来不生病。文章就在星儿奶奶的幻觉中结束了，在她的幻觉里星儿已经长大，突然从床上坐起来，没好声地破命喊着："奶奶，老叔，等等我呀，我就回家，我就要回家去了，爸爸，我们这会可回家了，爸爸，奶奶，老叔……我要回家去!"①从孩子的口中，我们可以感受到流亡在外的东北文人多么渴望回家，就像小说中的星儿一样，离开了家乡，他们害了思乡病，身体不好，精神也不快乐。星儿一遍遍地问奶奶什么时候可以回家，这其实也暗示着东北流亡文人也在心中一遍遍地问："我们什么时候才能回家?"东北流亡文人正是东北大地的孩子，他们流离失所，忍受着无家的痛苦，一点明月窥人，从这里来看，"星儿"就是东北流亡文人自我形象的一个映射。

"思乡病"的孩童形象是东北流亡文人笔下儿童的典型，但同时期其他作家笔下的孩子有不一样的样貌。以沈从文、凌淑华、废名、萧乾为代表的京派作家笔下的孩子形象是优美的、健康的、自然的、充满了人性美的孩子，比如，废名的作品中处处都有天真烂漫的孩童身影。通过这些孩子的形象，京派文人致力于为我们提供一个纯净而美好的审美世界。同时期的海派作家，多是通过学习西方的现代文学艺术理论分析处于生长发育中的孩童的隐秘的内心世界，施蛰存的《周夫人》中的"我"就是这样一个孩子形象，通过书写"我"的身体和心理对异性的体验，表现儿童原初性意识被开启的过程，从儿童走向少年和青年。左翼作家笔下的孩子形象则是具有意识形态性的，他们是"新时代的

---

① 端木蕻良. 端木蕻良文集 3 [M]. 北京：北京出版社，1999：98

弟弟妹妹"，承担着国家未来和民族未来的重任。比如，20世纪30年代左翼文学战士张天翼的作品《爸爸的日记》中经常说到孩子们是我们的后备队，是祖国的未来力量。[①]虽然在30年代文学作品的孩子形象中也有一些受苦受难的孩子，比如老舍《月牙儿》中的小主人公，就是一个在苦难中成长起来的孩子，但是这些孩子跟东北流亡文人笔下想要回家的孩子相比还是存在着巨大的不同，这便是东北流亡文人流亡体验的一种表现。

总的来说，在流亡体验的作用下，在精神指向的引导下，东北流亡文人的情感体验主题十分明朗，即想要唤醒全部国民进行抗战的战争主题与思想主题，而相对应地在人物塑造方面也寄托着作者的流亡灵魂，这些带有流亡意义的人物是他们自身的映射，也是他们对家乡乃至国民的一种期许。

三、现实体验的文本映照：流亡体验催生流亡意象

在《周易·系辞》中，有"观物取象""立象以尽意"之说，而后意象的概念越用越广，逐渐从用来记录天地万物及其变化规律，延伸到历史、文学和哲学范畴。诗学家们借用"立象以

---

① 沈承宽等编. 张天翼研究资料［M］. 北京：中国社会科学出版社，1982.08 "现在我们国家到了很危险的地步，我们年轻力壮的人都要为国家去出力，为民族去奋斗！孩子们是我们的后备队！" "我爱小林玲，正是为我们这个国家培养一个生力军！将来可为我们国家奋斗牺牲。" ……这些文字都出自20世纪30年代的左翼文坛张天翼的小说作品。

尽意"的原则，他们借用某一客观实体来表达内心的情感，使主观见之于客观，这种主客观交融的事物就是意象。在现代文学理论中，批评家们通常认为意象是一个融合的辐射点或集束，是充满着能量的意念集合，是主、客观融为一体的形象，是人的本质力量对象化的产物，"意象"是"一种在一刹那表现出来的理性与感性的集合体"。也就是说，没有人的体验与情感的宣泄，意象便不能称之为意象。

东北流亡文人离开家乡踏上流亡之路，"流亡"作为他们最重要的精神印记，流亡意象的塑造不仅是东北流亡文人体验外化的表现，更是东北流亡文人迫于现实需要急切发声的心理诉求，具有东北流亡文人主观化、符号化的特点。流亡体验如同血管中流淌的血液、持续跳动的脉搏，时时刻刻提醒他们作为流亡者的凄凉与痛苦。因此流亡体验凝结成流亡意象，表现在他们的文本当中，这些意象凝聚着他们的人生经历、流亡体验以及故土记忆，承载着他们的思想意识和审美追求。流亡意象与流亡体验相互映衬，受流亡体验影响，流亡意象也可以从以上三大方面进行划分，将在生理与安全需求挫折性体验下生成的意象概括为生存性意象，将在爱与归属挫折性体验下生成的意象概括为情感性意象，将在尊重与自我实现挫折性体验下生成的意象概括为超越性意象。

（一）生存性意象：桥、窗和监狱

生存性意象主要是指东北流亡文人在经历了生理需求与安全需求得不到满足的流亡体验之后所创造出的带有强烈生存指示性

的意象，它们表现了东北流亡文人在衣食住行与人身财产安全等方面对生存现状的思考，如桥、窗和监狱的意象。"桥"和"窗"都可以对客观的空间进行人为割据，这两种意象在东北流亡文人的流亡意象中占据了重要地位。朱光潜曾经在《诗论》中谈到，中国诗歌具有"微言大义"的传统，好作隐语，通过极具暗示性的语言将自己真实的意图和感情隐藏起来，供读者品读、反思。"桥""窗"以及"监狱"便是这样的极具隐语意味的意象。

1. 贫富的离途与解放的通路：作为隐喻的桥意象

"桥"的意象常为东北流亡文人所用，这一意象具有丰富的阐释空间。中国现代文学史上"京派"文人废名在自己的文学创作中便大量使用桥的意象，在废名笔下"桥"与人生有着紧密的联系，往往是彼岸世界的象征——是少年与成年的区别，是隔阂与和谐的两面，是生与死的分界等等不同乃至完全相反的两极世界，但这种"此岸"与"彼岸"又不是无法跨越的绝对界限，朱光潜先生曾经说过"废名先生富敏感而好苦思，有禅家与道人的风味"[①]，这种禅风道骨的风味体现在作品当中便是一种顿悟与豁达、平和与释然，渡"桥"也就充满了无限的可能性与奇异性。意象的生成与文人的体验息息相关，"桥"的意象于东北流亡文人而言，既是贫富的离途也是解放的道路。

首先，"桥"具有分界性，桥的两端往往是两个世界，"桥"

---

① 孙玉石. 朱光潜关于解诗与欣赏思想的阐释 [J]. 北京大学学报（哲学社会科学版），2005（03）

不仅是穷人与富人的分界，也是生与死的分界。在东北流亡文人的流亡途中，"桥"的两端是他们所见到的截然不同的两种生活状态的象征。"夏天和秋天，桥下的积水和水沟一样平了。"[①]整篇文章，从一个"桥"的意象开始了，桥东头是主人公黄良子的家，家里有她幼小的儿子还有她的丈夫，桥西头是黄良子那有钱的东家，东家家中也有个小孩子，黄良子是个仆人，她要照顾东家的孩子，无法照顾自己的孩子。她在桥西头听着桥东头自己的孩子在哭叫，但她不能过了桥去找看自己的孩子。顺着风，桥东黄良子的孩子的哭声就传到了桥西头，黄良子听着孩子的哭声心中焦躁，那声音仿佛被扩大了似的。黄良子把从主人家偷的饼干、馒头之类的点心包好，从桥西抛到桥东，每当食物掉入水中，她就会感慨着，向着桥东自己的孩子默念着："小穷鬼，你的命上该有一道桥啊！"[②]在这里，借由主人公黄良子的嘴，我们得到了一个"桥"的意象的含义——穷人与富人之间隔着一道桥，那道桥难以逾越。东北流亡文人面临着颠沛流离、缺衣少食的窘迫困境，就像是桥东头的穷人，又像是黄良子，他们看得到关内同胞的生活，他们与普通的关内百姓相比都是低一级的，更何谈与富人相比。在《桥》中，萧红反反复复提到这道桥，整篇文章都是围绕着"桥"这一意象推进的，直到最后，黄良子的孩子小良子想要过桥找妈妈要吃的，却不小心掉入水中淹死，作者

---

① 萧红. 萧红全集 [M]. 哈尔滨：哈尔滨出版社，1991：192
② 萧红. 萧红全集 [M]. 哈尔滨：哈尔滨出版社，1991：192

说明了一个道理：穷人与富人之间隔着的这道桥是无法逾越的，小良子想要跨过这道桥，他想要吃富人的食物，最后付出了生命的代价，因此这座桥又成了生与死的界限，这是充满了悲凉意味的命运之桥。

但是从另一方面来说，桥又是人类文明进步的产物，它标志着人类克服自然的阻碍，沟通着不能跨越的两岸，能够为人生、为社会带来新的转折和机遇。端木蕻良在《科尔沁旗草原》后记中写道："东北人民历尽千辛万苦……实现了翻身的'奇迹'，在广阔的大地上出现了七彩的长桥，接引人民走向共产主义的国度。"正是因为新中国的建立，东北流亡文人彻底结束了流亡之路，才出现了这样七彩的"长桥"，使穷人不再受到压迫和剥削，使人民免于四处流亡，使他们能够幸福地生活在自己的家园，这便是能够让人们走上解放道路的"桥"。

2. 可望而不可即的悲哀：作为空间分割者的窗意象

窗意象与桥的意象表现意义相近——它们可以分割空间，界定两种不同的生存状态，但是窗户又是一个透明的小孔，可以让人们了解到外面的世界。在窗外感受着颠沛流离时，明亮的窗口是家的温馨和稳定的象征；在家徒四壁的窗内时，透过窗户在看外面的世界，有很多还不如"我"的穷人，他们四处流浪，上街乞讨，失去尊严。"我是怎样去羡慕那些临街的我所经过的楼房，对着每个窗子我起着愤恨。那里面一定是温暖和快乐，并且那里面一定设置着很好的眠床。"流亡途中的东北文人没有家，姨母将她从马路上招引至家中给她提供一个住处，但并不舒适，因此她非常羡慕拥有着明亮温暖的家的人。隔窗而听，向窗而望，她感知到的是流亡生活中的孤独压抑。"我披着棉被再出现到窗口，那不是全身，仅仅是头和胸突在窗口。一个女人站在一家药店门口讨钱，手下牵着孩子，衣襟裹着更小的孩子"，窗户里的人还有一身棉被，但窗户外的人确需要讨饭，由此萧红得出感慨：路过的人都不理她，仿佛在说她有孩子不对，穷就不应该有孩子，有也应该饿死。这跟萧军1935年写于上海的《一只小羊》中的感慨相似："浮浪人是不能要小孩的！"同一篇文章当中，萧军提到了这样的经历——他站在女装店的橱窗前，欣赏着里面的模型；他站在点心铺、鲜果铺、菜食铺的窗前，看着里面五颜六色各式各样的食物……但他忽而发觉，他站在这里就如同他站在书店的窗前一样，只是想缓解一下疲乏，感受一下里面灯光的明亮，透过窗，他自己心中清楚：浮浪人对于什么都应该是疏远的，为什么疏远，他心里清楚。"窗"作为东北流亡文人主体观察、审视和感知流亡生活的象征，凝聚着他们最真实的流亡体验，这是在生活最起码的生理需求层面都得不到简单的满足的痛苦，也正因如此，东北流亡文人的凄惨生活使他们将流亡途中的痛苦倾注笔端，铸成了一个个情绪满溢又富有深意的意象。

3. 魑魅的囹圄与自由的渴望：作为自由枷锁的监狱意象

监狱是东北流亡文人生存自由的阻碍，因此在东北流亡文人的笔下监狱意象也时常出现。监狱是为统治阶级服务而产生的，它是随着阶级的变化需要而变化的，但不变的是监狱反映着统治阶级的意志。自20世纪30年代开始，东北在封建主义和日本军国主义殖民统治的双重压迫下，更是产生了一座又一座暴力机器——监狱，它们囚禁并折磨着反抗殖民文化霸权的东北爱国文人。即便他们走上了流亡之路，也并没有完全挣脱"狱"的阴影。

监狱是东北流亡文人笔下的一个消极意象，监狱意味着他们自由生活的权利被剥夺，不得不承受身份危机带来的恶果。"狱"是自由最大的敌人，罗烽在《狱》中提到了有人物谢元越狱，法官问谢元："越狱是犯死罪的，你知道吗？"谢元毫不顾忌地回答说知道，然后说："我不甘心死在牢狱里！"这是监狱中的爱国者对于自由的向往，同样，这也是以罗烽、舒群为代表的东北流亡文人的向往，他们出于对自由进行文艺活动与抗敌活动的渴望走上流亡之路，但"狱"阻碍了他们前进的步伐，牢狱如同一只魔手攫取了朝气蓬勃的"花草"，这手再松开时，蓬勃的花草已经枯萎了。牢狱囚禁了他们的身体，但他们的思想却没有被牢狱禁锢，虽然"牢狱"意象是灰色的、可怖的，但东北流亡文人并没有对其闻风丧胆。白朗的《生与死》中的老伯母英勇地将八位从事抗日活动的"女政治犯"从牢狱中放了出去，让她们可以重获自由，进行抗日活动，这实际上也是东北流亡文人对自由之渴望的表现。

（二）情感性意象：大海、土地和旷野

大海汹涌壮丽，是广阔宽容的，但更是渺茫无边的，就仿佛

东北流亡文人漂泊在外，情感上无依无靠，孤独而寂寞的处境，因此在东北流亡文人的流亡书写中反复出现。东北流亡文人笔下还有两个最突出的情感性意象，就是土地和旷野，这两种意象凝聚着东北流亡文人饱满而深沉的情感，这也是将其概括为东北流亡文人笔下的情感性意象的原因。情感性意象对应着东北流亡文人爱与归属的挫折性体验，大海是东北流亡文人的孤苦命途，土地则是他们的生命所在，他们的亲人、朋友和爱人都生长在这片土地上，这也是他们一生都魂牵梦萦的地方。东北流亡文人怀念眷恋着东北的黑土地，怀念着东北的无边田野，但迎接他们的是无尽的被风吹散了回音的旷野，这旷野淹没着他们对故乡的狂热，对理想的执着，吞噬着他们所拥有的一切，他们迷失在旷野之中，找不到自己的归属。

1. 沧海浮萍：象征孤苦命途的大海意象

首先，大海是虚无缥缈、孤苦伶仃的人生的象征。"海上的颜色已经变成黑蓝了，我站在船尾，我望着海：这若是我一个人，我怎敢渡过这样的大海！"从这简短的一句话中，我们可以看到萧红远离家乡和亲人，只身漂向异国的忧伤与感怀。正如萧军在这封信的注释中所说的那样：如今她竟一个人离开祖国和亲人，孤零零地漂荡在无边无际的海洋上远去异国，很像《李陵答苏武书》中所说的情景——"远托异国，昔人所悲，望风怀想，能不依依！"对于东北流亡文人而言，这种情感的体验更真切，因为他们失去了家乡，不得不漂泊在异国他乡。不仅仅是心思敏锐的萧红在作品中书写了这样的意象，罗烽也有过这样的描述："这样，我在遭滞留未久的异乡上海，更感到生疏，更感到孤单了。我竟幻想，此刻我和妻是驾着两叶扁舟，被放逐在渺无涯际的海洋上。"离开家乡，一切都是生疏的，又在漫无边际的大海上漂着，本就无家可归的东北流亡文人更有了"零丁洋里叹零丁"似的感慨。其次，在东北流亡文人的书写中，大海意象还是可以吞噬一切毁灭一切的恐怖象征。正如萧军疾声高呼："终于有一天：风要脱了力量，海要停止了他们的癫狂！……"东北流亡文人这种独特的心灵体验，所经受的爱与归属需求的严重挫折，也造成了他们书写之中流亡意象的多样性。

2."安泰俄斯"：作为生命源泉的土地意象

土地对东北流亡文人而言意义非同寻常，端木蕻良曾说："在人类的历史上，给我印象最深刻的是土地，仿佛我生下来的第一眼，我便看见了她。在我的家乡那儿的风俗，一个婴儿初生下来第一次亲到的东西是泥土和稻草。"[①]这种对土地的亲近培养了东北文人的厚土情怀，土地是他们最亲近的存在，也象征着他们的根之所在，因此流亡关内，告别了他们出生和生活的黑土地，他们变成了无根之人，于是他们对土地的怀念与眷恋之情与日俱增。端木蕻良赞叹着："在这块大地上，如抛去泥土不提，这地上还有什么可说的奇迹呢，还有什么令人笃信的证物

---

① 端木蕻良. 我的创作经验，作家创作谈 [N]. 1942：174

呢……"①土地的意象饱含着他们的情感，双脚踏在家乡的土地上才能找到归宿，因此他们借着土地这一"意象"怀念着家乡。土地上的物、景与人都是他们所熟悉的，萧红笔下的"后花园"也是一个具有类似含义的土地意象，"后花园"象征着历经漂泊的萧红对乡土乡情的呼唤，"后花园"这片土地充满了她回忆的温馨与快乐，使她得到了精神的慰藉与灵魂的救赎。实际上，这是处于流亡环境中的东北文人的心理欲求，即软弱、孤独、漂泊的个体寻找自己赖以生存的归宿，缓解现实生活中精神上的痛苦。正如端木蕻良所说："土地是我的母亲，我的每寸肌肤都有着土粒，我的手掌一接近土地，我的心便平静。我是土地的联系，我不能离开她。"②也正因如此，离开了故乡土地的东北流亡文人内心是焦虑的，充满了情绪的躁动不安。"土地"本身具有哲学性的意义，是神圣的，因此端木蕻良的作品《大地的海》除了抒发着作者浓郁的思乡之情，也表达着他对土地与人的关系的探讨。"土地"与农民有着天然的联系，既有社会学、政治学意义，又包含着民族学的意义，只要土地在，农民在，国家就在，因此丧失了土地就意味着国家危矣。

与土地的意义相似，在东北流亡文人笔下作为一个衍生意象出现的还有田野。田野也是东北流亡文人笔下的常见意象，田野象征着家乡的富饶、繁荣，是他们最熟悉的领域之一。田野寄托

---

① 端木蕻良著. 端木蕻良文集 2［M］. 北京：北京出版社，1999：15
② 端木蕻良. 土地的誓言［N］. 1941

着他们的故乡之思，"夜间：这窗外的树声，听起来好像家乡田野上抖动着的高粱，但，这不是"。在东北流亡文人的眼中，故乡的田野一望无际、生机勃勃，但这一切如今都不再属于他们，他们不知何年何月能够再回到故乡，尤其以萧红为代表，直到去世那天都没有结束流亡的生活，没有回归过家乡。穆木天也对家乡的田野魂牵梦萦，这种深厚的感情被他融入了诗歌当中："有时，坐在井边，望着八月的田野，有时，待在窗前，面对着骇人的雪夜……可是，丈夫儿子，终无消息……""月光照耀在水面上，月光也照耀远近的田野和山冈""随着江水我的心奔驰着，我看见无数的苦难的田野和村庄"，穆木天笔下的故乡田野再也没有了欣欣向荣、充满希望的景象，变成了苦难的现场，因为敌人的入侵，故乡的青年人死的死，逃的逃，故乡的土地饱受蹂躏，这令东北流亡文人心痛不已。无论是土地、田野，还是后花园，对于东北流亡文人而言都是故乡留给他们的记忆符号，是流亡途中的他们与故乡的精神联系。东北流亡文人在坎坷波折的漂泊之中，感慨的不仅是自己个体的命运，更是祖国的命运，是在时代的大背景下文人个人情感与民族境遇的遇合。

3. 悲咏的长调与新生的图景：无尽流途中的旷野意象

在中国现代文学史上的流亡文学当中，"旷野"意象十分重要，令人瞩目，它堪称中国现代流亡文学中的"中心意象"，在东北流亡文人的书写当中也占据了重要席位。"旷野"一词，《辞海》中的解释是"空旷的原野"，但它与原野又有区别，原野侧重指平原，与肥沃、生机勃勃等具有积极意义的修饰词相关；但旷野侧重于空旷，与苍凉、荒凉、凄凉等具有消极意义的修饰词相关。关于旷野，在我国古代的诗词歌赋中就曾出现过，《诗经·小雅·何草不黄》中提到："匪兕匪虎，率彼旷野。哀我征夫，朝夕不暇。"在这句诗中，"旷野"的解释即是一望无际的原野，征夫哀叹自己不是野牛不是老虎，却要如同野兽一般常年在旷野中穿行，没有休憩的时间，全诗基调哀怨，旷野也给人以忧伤而凄凉的印象。阮籍在《咏怀诗》第十七首《咏怀·独坐空堂上》中写道"登高望九州，悠悠分旷野"，在这里旷野则在《诗经》的基础上又多了一层含义，旷野是苍凉的，广阔的，也是充满了孤独与落寞的，昭示着人生的本质。王昌龄也曾在《长歌行》中表现了旷野这一意象"旷野饶悲风，飕飕黄蒿草"，由此说明"旷野"在我国传统的诗歌创作中便已经是一个常用的意象，表达效果有差异，但大意接近。

"旷野"一词在西方国家也被广泛使用，同样具有深刻的文化内涵。在英语中，旷野写作"wilderness"或"field"等，《圣经》中有"十二旷野"的篇章，具有神学的意义。在《圣经》中，"旷野"是空旷、原始的地方，未经开垦，鲜有人迹，它大而可畏，意味着痛苦、艰难、贫乏和孤单。《圣经》有言"至于你们、你们的尸首必倒在这旷野"①，《圣经》中的"旷野"是来

---

① 圣经."But as for you, your corpses will fall in this wilderness."

处，是去处，是神灵让人们体验痛苦、磨砺心智从而获得救赎的地方，同时，在旷野之中，人类能够充分认识到自己的渺小，与整个莽苍的旷野相比是微不足道的，更遑论与整个宇宙的神秘莫测相比。

在东北流亡文人的笔下，"旷野"意象再次被丰富，成为他们抒发流亡情绪的一个重要意象。荣格曾经说过："创作过程，在我们所能追踪的范围内，就在于从无意识中激活原型意象，并对它加工造型精心制作，使之成为一种完整的作品。通过这种造型，艺术家把他翻译成我们今天的语言，并因而使我们有可能找到一条道路以返回生命的最深的源泉。"①"旷野"意象就是东北流亡文人在抒发流亡情绪，进行文学创作时找到的这样一条能够返回生命的最深处源泉的道路，在旷野中他们感受到了宇宙之力与生命之力。

"旷野"是残酷、无法捉摸的可怖力量，裹挟着东北流亡文人继续流浪、无可遁形；"旷野"又是生命之力的强烈表现，给予了东北流亡文人重生的力量。鲁迅曾评价肖洛霍夫《静静的顿河》是一种"充满着原始力的新文学"②，同样，故乡的苍茫旷野成为东北流亡左翼作家的精神寄托与文化象征，更加之"感情冲动增强了一倍"的流亡经历，使其作品张扬着生命的强力与自由

---

① 程金城. 原型批评与重释 [M]. 上海：东方出版社，1998：298
② 鲁迅：《鲁迅全集》第7卷《集外集拾遗》，人民文学出版社2005年版，第379页。

的呐喊。正如鲁迅为萧红《生死场》写的序："这自然还不过是略图，叙事和写景，胜于人物的描写，然而北方人民的对于生的坚强，对于死的挣扎，却往往已经力透纸背。"①

"旷野"成为东北流亡左翼作家完成身份转换、表现生命与激情的象征。当这种不可抗拒的伟力禁锢一切席卷而来时，生命的激情也在瞬间喷薄而出。因此，东北流亡左翼作家笔下的"旷野"既是他们孤独无助地在浩瀚天地间艰难生活的现实表现与心理显照，也是他们于绝处重生的生命强力与追求光明自由的文化象征。东北流亡左翼作家在"旷野"意象中找到一条返回生命之最深处的深切体验，从而感受到了宇宙之力与生命之力。在《遗憾，留给了我们》中，白朗悲悼好友金剑啸，金人与舒群也都分别在《血祭》和《死讯》中写到了金剑啸的死，然而死亡的恐惧并没有使东北流亡左翼作家就此消沉，反而激发出了倒毙"旷野"之后生寓于灭、浴火重生的生命力量。面对战友被敌人杀害的噩耗，他们踏着战友的血迹继续斗争下去，爆发出了"不克厥敌、战则不止"的战斗激情。舒群在《蒙古之夜》中写道"回答我的是从女人的喉咙里发出一声惊叫；在这死静的旷野上，仿佛快要冲断了天地相连的那条弧线"②，在"我"流离异乡的情况下，散漫着死亡气氛的旷野给"我"带来了心理上的巨大痛苦，

---

① 鲁迅：《〈生死场〉序言》，萧红《生死场》，花城出版社2009年版，第107页。

② 舒群：《舒群文集》，华夏出版社2000年版，第39页。

但"我"强忍着恐惧、压抑、愤恨在空旷无边的旷野上寻找去路。

萧红《旷野的呼喊》中反复出现"旷野"意象，其中一处："等他再重新爬起来，他仍旧向旷野里跑去，他凶狂地呼喊着，连他自己都不知道叫的是什么。风在四周捆绑着他，风在大道上毫无倦意地吹啸……地平线在混沌里完全消融，风便做了一切的主宰。"①无尽流途给流亡者带来的悲苦境地与"旷野"上的恐怖和混沌相似，置身"旷野"的人便进入了被动的状态并被"旷野"中大而可怖、无法排拒的力量所"裹挟"。但在此同时，"旷野"也激发出了流亡者如同西西弗斯一般的反抗力量，东北流亡左翼文人逐步将恐怖、无助、失语的状态转化为激情、崇高与充满新生力量的场景，使"旷野"上的主体发出了抗争的呐喊并获得了暂时性的胜利。

端木蕻良的创作中也出现了大量的"旷野"意象，在《大江》中，旷野的每一次出现，都在文本中呈现出内在的推进作用，具有比对性："旷野缩小了，黑暗朦胧，又扩张了，好像没有边际。""旷野回合地在震荡着，似乎为一种声音所迷醉。旷野起着轻轻的颤动，相同一个颠簸的摇篮，他睡在上面，很久很久没有听到的犬吠声，也听到了……"就这样，"旷野"意象从与死亡、混沌和无助相关，到与新生、祥和与希望相关，实际上就

---

① 萧红：《萧红全集》，哈尔滨出版社1991年版，第393页。

是东北流亡文人从流亡的无助与痛苦中找寻出路，重建身份，获得成长的历程。文章最后一部分"旷野"意象与一个新生巨人的形象紧密相连："起队号吹起来了，黎明的巨眼张开了，旷野上有一个巨人在行走，他的脚步提起时，也是千千万万的脚步，落下时也是千千万万的脚步……"在这里，旷野赋予了铁岭生的希望和战斗的气势。至此，"旷野"意象完成了它从吞噬一切、淹没一切到承载一切、赋予一切以生命力和新希望的转变。由此观之，"旷野"意象也成为东北流亡左翼文人笔下生生不息的生命意志与自由追求的文化象征。

（三）超越性意象：旗帜、江河、野狗和鸟类

超越性意象是指东北流亡文人在遭遇了尊重与自我实现挫折之后，直白或婉转表达出的前进方向与理想信仰，是他们不屈不挠坚持不懈抗争的标志，超越了现实条件与现实环境。

1. 至暗迷途的灯塔：作为信仰象征的旗帜意象

旗帜是东北流亡文人笔下典型的积极意象，旗帜犹如至暗迷途中指引方向的灯塔。萧军在《八月的乡村》中歌颂着招展的红旗："陈柱拖着脚，头顶秃露在天空，照常是愉快的，脸微昂着，瞻视正在行进的队伍，和那一面面招展的红旗。"红旗象征着革命，但对萧军而言，红旗并不仅仅是革命，也是自己选择的道路和行进的方向的代表。罗烽在自己的文集中曾对旗子进行大量的描述：周长江认真地保护他手中的旗子，队员夺取他手中的旗子被他打倒，鼻孔流着鲜血……他对抢旗子的队员说旗子就是

他的生命，抢旗子就是拿他的生命开玩笑，当周长江举起旗子，周长江就宛若神圣不可侵犯。最后周长江受伤要死去的时候，旗子蒙在他的脸上，他还在微笑。在这里面，旗子已经成为信仰的代表，旗子对于周长江而言是生命的象征，对于东北流亡文人而言同样是神圣不可侵犯的信仰的象征，旗子给了流亡中的东北文人胜利的希望和前进的方向。因此，东北流亡文人在作品中多次使用旗子这一意象，就是为了表明自己内心对于前进方向的坚定，东北流亡文人在流亡途中从未放弃对自我的建构，他们一直在重塑自己的身份，旗子就像是他们重塑自我的一个见证，旗子树立起来就是方向的确立，旗子飘扬起来就是对他们行为的肯定。

2. 川上"浮浪人"：象征激情与漂泊的江河意象

江与河是充满了生命激情的象征，东北流亡文人就如同永不停歇的江河，追寻着自由，不断向着自己渴望的世界前进。"浑河急急流去，看样子是想在太阳没冒嘴之前就统统流完。……"浑河在这里便是一个充满了情绪性的意象，与人的情感是相通的，紧张、冒进、充满激情。"水芹子似乎并未想到什么画眉炭子，只狠狠握住了暖目刀柄，眼前仿佛看见浑河的水翻腾地流去……"年轻的男人金声在水芹子的鼓舞下走上了战场，离开了家，而水芹子的内心也如同浑河水一般，澎湃激荡，充满了躁动不安的力量。这种心情与东北流亡文人走在时代前沿呐喊歌哭时的心态是一样的。这是江河意象的一种含义，另一种含义则是对于江河意象漂泊游离意义的借用。"风停止了，随伴着黄昏，江水像要睡着了似的流走……"在这种情境之下，书中的主人公孔春离开了船坞，沿了江堤茫然地走着……走了很久，他停住脚步回头望：江桥仿佛是一条黑蜈蚣僵直地卧在江上。这一段文字的描写，是低沉的、压抑的，可以想象的是作者在上海的江边，也曾经多次漫无目的地走着，他还没有完全找到自己的方向，他是一个"浮浪者"，因此萧军在《江上》中所使用的江水的意象与上述端木蕻良在《浑河的激流》中所使用的河流的意象是截然不同的。在东北流亡文人的诸多创作中，江河意象以上述两种象征意义的表达最为多见。

3. "丧家犬"的求索：象征失路与追寻的野狗意象

野狗是凄惨的、可怜的，又是受人冷落的，仿佛谁都可以对它施以白眼、踢上一脚。因此，在面临着故土身份的丧失与关内同胞的误解时，舒群在《九月的夜记》中使用了"野狗"这一意象："你这失尽了土地的野狗啊，你的祖国早已忘了你！"这一意象的使用，表现了东北流亡文人痛苦不堪的内心，仿佛他们成了"没有祖国的孩子"。萧红在《花狗》中说道："这花狗一直在外院的门口，躺了三两天。是凡经过的人都说这狗老死了，或是被咬死了，其实不是，她是被冷落死的。"由此可见，缺乏理解与关爱是东北流亡文人面临的共同处境，正因为得不到公平的待遇，接受着身体与心灵上的双重痛苦，所以在流亡途中他们觉得自己就像被人遗弃的野狗。另一方面，东北流亡文人没有沉沦于痛苦之中，没有因生活的重压与精神上的折磨而放弃自我，他们没有停止寻找光明。萧军也使用了狗的意象："走，你个不前进的狗！徘徊，展望，时刻在寻找，寻找你可逃避的时机。"他对处于停滞状态、安于享乐的人发出了控诉，这些人中更包括尚未建立新身份的他自己，这是他在流亡中反省自我、重塑自我的心理过程的外倾化表现。

4. 丧乱中的搏击者：追求解放的鸟类意象

除了狗的意象，还有鸟类意象，鸟类意象往往寄托着人类对自由的向往，但不同的鸟类意象仍有不同的含义。在中国的传统文化之中，乌鸦是丧鸟，它们往往代表着灾难与死亡，但罗烽曾经用乌鸦形容流亡关内的自己："我不过是只被灾荒迫出乡土的乌鸦，飞到这'太平盛世'，用我粗糙刺耳的嗓门，把我几年来积闷的痛苦倾泻出来。"这里罗烽使用的乌鸦意象代表着经历灾难、受人鄙弃的东北流亡文人，他们不得不离开自己的家乡，将敌人的险恶嘴脸摹画给更多人看，让更多人了解东北沦陷区的真实境况与东北人民做出的艰难努力。

与乌鸦不同，海燕是追求自由、勇敢地向前搏击的鸟，毫无疑问，在东北流亡文人眼中，海燕寄托着他们追求自由的愿望与反抗黑暗的灵魂。萧军赞叹道："你是一只不祥的鸟儿，吟鸣着人所不爱的歌，风要将你凌迟……海要吞灭你……"虽然东北流亡文人们面临的处境并不轻松，在北平和上海，他们还受到了很多关内同胞的歧视与侮辱，他们振臂高呼的声音并不被所有人认可，但他们怀抱着光明的信念与必胜的决心奔向自由和解放。

第五章 关于东北流亡文人流亡书写的反思

一、民族大义与英雄崇拜的书写核心

在文学史当中，"流浪"是有母题存在的，这一主题在文学创作当中也并不少见。而"流亡"作为"流浪"的形式之一，也一直存在，也有形形色色的流亡文学。在西方文学史当中，从荷马史诗《奥德修纪》到乔伊斯的《尤利西斯》，都反复诉说着一个永恒的主题，那就是流亡。乔伊斯是一位著名的流亡者，他在自己二十二岁时，离开殖民统治的家乡，开始了他在欧洲大陆上的流亡生活，他的流亡生涯的起始与东北流亡文人是有相似之处的，战乱频仍、民不聊生的故土生存状态是促使他们走上流亡之路的重要原因，但乔伊斯的流亡较东北流亡文人而言却是更为主动的，东北流亡文人的流亡是寻求生存的空间，而乔伊斯更近于通过流亡来实现自我由传统向现代的转换。正因如此，乔伊斯将现代观念注入自己的流亡书写当中，开创了自己的流亡美学，能够随意使用意识流、蒙太奇与语言游戏等文学技巧。他深厚的学识素养、流亡途中的多彩见闻、不断进行的思考琢磨，都是成就他流亡美学的关键因素，这些条件都是大部分东北流亡文人所难以企及的。

纳博科夫也是一位伟大的流亡者，他从20世纪20年代起至70年代去世，一直流亡于欧美大陆，终生未返故国。他在俄国度过了一个愉快幸福的童年，自流亡之后，对童年的追忆，对流亡经历的描述，对故国的想象，渐渐地都出现在他的文字当中。面对故国，他的内心是矛盾的，既怀念故国土地，又鄙弃那里的中央集权和专制主义，他是一个拥有着自由理想的流亡文人，与他自己的经历相互映照，他笔下的青年流亡者也都逐渐从遭遇着痛苦的现实流亡转变到打破束缚、自我放逐般的精神流亡。在纳博科夫的流亡书写中，他仍旧可以在迷茫之中保持清醒，在他的流亡初期作品《玛丽》中，玛丽是主人公加宁中学时期的初恋情人，但玛丽这一人物形象还被赋予了象征意义——玛丽是祖国的象征，对初恋的怀念与对故国的眷恋之情相互交织，如同一张巨网笼罩在加宁的心头，加宁打算去火车站接上玛丽，然后两个人远走高飞、重温旧梦。这时的加宁感到他的青春和他的祖国都要重新回到他的身边了，[①]纳博科夫却笔锋一转，将加宁从初恋的温

---

① 纳博科夫. 玛丽 [M]. 上海：上海译文出版社，2013 原文："他的青春、他的俄国就要重新回到他的身边了"

情里拉了出来，加宁坐在公园里，他意识到玛丽已经是他的过去了，他们再也不可能回到当初的感情里。这实际上就是纳博科夫对祖国的态度，在祖国拥有很多美好的回忆，但那都已经是过去的事了，他不能再回到那个专制、蛮横的祖国。正如1962年他曾对采访者说过的，他永不返乡，永不投降，他所需要的俄国的一切，诸如文学、语言，还有他童年的回忆，都陪伴着他，[①]他从哲学的高度完成了对故国情感和乡愁回忆的超越，俄国俨然已经成为他文学世界里的艺术想象。

将东北流亡文人的流亡书写与西方近现代作家的流亡书写进行比较即可发现，东北流亡文人的流亡书写主要建立在民族大义的内核之上，作品充满着教化、呼号的功利色彩，以抗战救国、民族团结的主旨为首位，他们思念故土、热爱家乡，期待着回到那片生养他们的黑土地上，此消彼长，东北流亡文人对流亡的思考上升到哲学层面浅尝辄止，缺乏实践和理论归纳。在抗战的大背景下，东北流亡文人的流亡实际上还是现实流亡，并没有步入精神流亡的层面。究其原因，除了部分东北流亡文人受到的教育水平较低，中国传统的"诗以兴观群怨"思想植根深厚等原因以外，还有中国家国大义、民族精神的传承延续。

---

① 纳博科夫. 独抒已见［M］. 杭州：浙江文艺出版社，2012 "1962年7月，当他接受BBC电视台记者采访被问及'您会回俄国去吗'问题时，纳博科夫回答很决绝：'我不会再回去了，理由很简单：我所需要的俄国的一切始终伴随着我：文学、语言，还有我自己在俄国度过的童年。我永不返乡。我永不投降。'"

以明末浙东流亡海外的文人为例，他们主要是明朝遗民，数量庞大，抗清意志坚决，也因此受到了清廷的迫害，不得不远走海外。比较具有代表性的明末遗民流亡文人有朱舜水、东皋心越以及张斐等人。虽然他们当中也有人仍旧抱着抗清复明的信念，作品不乏功利主义色彩，不过他们的诗歌主要作亡国之哀音，叹零丁之命运。如朱舜水的《避地日本感赋其一》："汉土西看白日昏，伤心胡虏据中原。衣冠虽有先朝制，东海幡然认故园。"这首诗透露着浓浓的故国哀思，自己身在异国，去国千里，虽然在日本看到了同样衣饰穿着的人们，但不知何年何月能再回家乡，悲凉之情不言而喻。同样，张斐的《九日雨对菊》也渲染了一派苍凉萧素的景象——"萧萧江雨闭茅屋，苦吟兀坐头颅秃"。这些明末遗民流亡者的诗中也会有斗志昂扬的时刻，朱舜水在《避地日本感赋其二》当中就曾写道"起看汉家天子气，横刀大海夜漫漫"，虽然此时明朝已经覆灭二十年，但诗人并没有丧失希望，心中仍旧充盈着睥睨清人的豪情，坚信有朝一日能够收复故土。通过对明末遗民流亡诗人作品的赏阅可以发现，中国古代流亡文学中便已有家国大义、万丈豪情的思想存在，虽然他们为了宣泄心中情感、表现末世情怀，也创作了大量的咏物诗和禅理诗，但这并不影响他们的诗歌中仍有积极入世的一面。也就是说，虽然东北流亡文人的流亡书写与中国古代流亡文学作品存在很大差异，但在家国大义、民族情感方面，却有着一根历史的、民族的线将中国古代流亡文学与东北流亡文人的流亡书写连了起来。

除了民族大义之外,东北流亡文人心中的英雄崇拜情结也是他们塑造英雄人物,向着理想信念前进的重要因素。在东北地区的少数民族(如满族、鄂温克族、鄂伦春族、蒙古族等民族)中,广泛流传着与本民族发展历史息息相关的英雄传说,这与东北古代部落族群中的英雄崇拜关系密切。如萨满英雄史诗《乌布西奔妈妈》,歌颂了一位伟大的萨满英雄和部落首领,她战绩彪炳,带着部落群众寻找家园和乐土,这种英雄崇拜传说在东北地区广为流传,对东北流亡文人的性格形成具有潜在的影响。

虽然东北流亡文人的流亡书写在走向现代性方面有所欠缺,但他们在乱世之中能够为国疾呼、勇于承担历史与社会使命的精神熠熠生辉。当下时代,我们仍需要这种英雄精神,"中华民族是崇尚英雄、成就英雄、英雄辈出的民族,和平年代同样需要英雄情怀"①。英雄精神无论何时都不会过时,文人心中更应该有一杆秤,挂着的是英雄精神与民族信仰。民族精神与英雄精神,又怎么能从文人的书写当中隐去呢?

二、书写情感激荡、色彩炫目的流亡赞歌

东北沦陷区的秋萤、山丁、关沫南、金剑啸等文人,面对殖

---

① 中国共产党新闻网,习近平推崇的英雄精神 [Z]. 2018.05

民者的淫威，他们的文学创作相对来说更倾向于"隐晦表达、曲笔抗战"，通过沉默与隐退的方式进行反抗。①而东北流亡文人与之不同，"流亡生活给他们的感情生活添加了一些病态的、急躁的、无端地心烦意乱的因素，因为它使他们的感情冲动增强了一倍"，加之东北地区的文化本身就包含着非理性与浪漫主义的特点（萨满教的浸润使东北地区的民俗文化不可避免地存在这些特征），因此，萧红、萧军、端木蕻良、舒群、罗烽、白朗等东北流亡文人的作品感情的表达更为酣畅淋漓，更有"奋力疾呼、呐喊歌哭"的外倾性特点，整体上呈现出文风沛然、情怀壮烈与色彩炫目的特点。

首先，东北流亡文人的创作体现出更富激情、非理性化和浪漫化的特点。穆木天在他的诗歌中运用了大量的排比句式与感叹号，表达着自己热烈奔放的情感。在《又到了这灰白的黎明》中，他呐喊着："朋友！你们还是在做殖民地的贱民？朋友！你们还是在做人间的劳动？朋友！你看哪里不血腥？朋友！你看哪里不是强盗横行？……"字里行间洋溢着穆木天喷薄而出的情感。在《赠高兰》中，穆木天更是将无限的情感和希望熔铸在了有限的篇章之中，八十三行诗中共计运用了四十个感叹号，在这首诗中出现了"健壮""健全""光明""青春""欢喜"等充满了

---

① [韩] 金在湧. 合作与抵抗 [M]. 吴延华、禹尚烈译，北京：社会科学文献出版社，2014：192 韩国学者金在湧认为：沉默也是殖民地作家进行抵抗的一种方式。

力量感的词语，正如穆木天所言"我们要在这个大时代中，做一个洪亮的回声，做一个清醒的喇叭手"，要记录下民族的白热的生命力，在穆木天的《流亡者之歌》诗文集中，充满了诗人感情处于癫狂状态的诗歌，具有激情性、非理性化的色彩。

与穆木天这种感情激荡的书写方式相似的还有萧军在流亡途中所写下的诗歌。萧军的《鞭挞我自己》《弟兄们死了》《期待着》《奴隶之爱》等诗歌也都充满了对生命的歌唱与对抗争的赞颂。在《弟兄们死了》中萧军呼喊着："弟兄们死了，被敌人割了头；被敌人穿了胸！活着的兄弟们，要纪念他们，他们做了斗争的牺牲！"这样大胆地说出抗日话语，在东北沦陷区的文人笔下是比较罕见的。端木蕻良的作品也有这种富有激情、非理性和浪漫奔腾的色彩。《大地的海》中开篇便是一段幽奥邈远、寂寥广阔的直击心灵的景物描写，这也奠定了整篇小说的基调，大地如同母亲，作为母亲的儿子，"我"与大地之间有着割不断的联系，这种联系神秘又令人景仰，因此"我"也必定有着为母亲战斗到底的勇气，如同神话似的诡秘浪漫，带有异教徒一般的狂热。

相比于东北流亡文人作品中的激进与狂热，东北沦陷区的作品则是充满了沉郁的哀愤，日本侵略者严格控制东北地区的文艺创作和出版工作，尤其是在东北沦陷后期，日本人对东北地区文艺管控非常严格。日本文艺评论家非常敏锐地捕捉到东北沦陷区作家们反帝抗日的情绪，积极配合日伪当局，于是在1941年发布的《艺文指导要纲》中有明文规定："不许在作品中写黑暗面，不许在作品中流露出悲观和失望情绪。"但身在东北地区的沦陷区作家们看到生灵涂炭、民不聊生的景象之后，不可能不做以回应，于是他们在作品中大量描写黑暗。比如山丁的《北极圈》《织机》《孪生》等作品，都讲述了在这种黑暗社会当中人们走投无路的悲惨命运，主要风格也是感伤、沉郁和凝重的。①

其次，与充满激情、非理性化和浪漫化的情感宣泄相对应的还有东北流亡文人笔下语言中强烈的色彩暗示，东北沦陷区的语言色彩则相对阴沉、黯淡、隐晦。东北沦陷区文人只能"由这里也可以看出作者的暗的源泉，这暗该是如何隐藏着一束向上的灵魂的痛苦！"而东北流亡文人抗敌情绪高亢，作品的反抗色彩鲜明，充满了抗争的希望与追求光明的勇气。

端木蕻良在《大江》中的用词色彩明丽、情绪饱满，令人振奋："大江在远远地奔流着，白茫茫的一片……大江带着奔泻的生命淌泻过去了，白色的蛤蜊肉似的水花泛起……江南的秋天的树叶并不很快脱落，树叶从单一的绿色转成红、黄、紫、褐，各种颜色……湖在吞吐着大江，像水母色的蚌肉一样吐出水舌来……铁岭曾经死去过，铁岭曾在昏迷里失去了视野忘记这一切，现在这些有光的有色的重新把他的眼睛给照亮了，他站起来了。"这一段文字只是从《大江》中截取的一段，除此以外，端

---

① 谢朝坤. 忧郁，受殖者的精神抵抗 [J]. 创伤：东亚殖民主义与文学 [M]. 上海：上海三联书店，2017：545-550

木蕻良还使用了更多的带有色彩性的词语来描绘从昏迷中醒来的铁岭感知到的世界的颜色，重新醒来的铁岭宛如在一个新的世界当中，这个世界充满了亮丽的颜色和生命的力量，这种力量使铁岭从昏迷中醒来。

穆木天在流亡途中的诗歌创作更像是一幅幅鼓舞人心的画卷，又像是飘扬着的振奋精神的旗帜。他在《南国的花火一般地红》中为抗战的爱国军民罗织了一幅前途光明的锦图："南国的花，火一般地红。铁鹰的银翼，翱翔在南国的天空。滇池的水，像是在涨。群山，在光明中，朦胧。……南国的花，火一般地红。南国的原野里，燃烧着抗战的热情。……"这些色彩明丽、感情充沛的诗作如同密集的鼓点，叩响在抗战人民的心中。

流亡途中虽然艰辛，但创作毕竟是自由的。萧红的作品当中也流露出清丽动人的色彩，即便这些作品可能会以悲剧收尾，但也不似东北沦陷区作品的那种凝重、沉郁，而是清丽之中见英武，娓娓道来话深思。《莲花池》中"黄澄澄的灯光""黑沉沉的影子""红澄澄的夕阳""明蓝、透蓝的天空"等，这种明朗的色彩与小人物的命运和情绪交织在一起分外感人。《朦胧的期待》中"纸烟的红色火光""白嫩的豆芽菜""淡绿的莲花苞""黑黑的巷子""苍白的铺砖的小路"……透过这些带着个人气质的色彩词，我们可以感受到流亡途中萧红的情绪与心态，在同一篇文章中有温暖、柔和的色彩，也有苍凉、凄清的色彩，这实际上正是在流亡途中作家心中爱恨交织的情绪：对故乡的怀念、对敌人的仇恨，以及对抗战胜利的信念。因此才有了文章结尾与标题紧扣的内容——李妈梦见金立从前线回来了，他打了胜仗，对李妈说："我回来安家了，从今我们一切都好了。"李妈在梦中看到金立的头发跟以前一样黑，他还对李妈说："我们一定得胜利的，我们为什么不胜利呢，没道理！"于是李妈在梦中很温顺地笑了。透过这些带着色彩的句子，我们可以看到东北流亡文人充满了浪漫希冀的多彩笔调。

东北流亡文人的创作虽然有诸多优点，但也存在问题，那就是在狂热之下对流亡与战争问题客观冷静的审视不足。东北地区沦陷之后，留在东北的作家需要在反殖与协作、被动接受与主动亲和、民族主义与殖民主义的交缠之中寻求一条写作的道路，他们反而更能反思生存、战乱等问题，但东北流亡文人在为了继续自由创作、走上流亡之路的同时，也逃避了故乡的现实问题，丧失掉了客观冷静审视东北地区现实问题的机会。

结　语

　　虽然流亡之路充满了艰难险阻，但东北流亡文人为了让更多的民众看到东北大地上的硝烟与泪水，让更多的人联合起来共同对抗敌人，把中华民族拧成一股绳子，他们"从极北流落到极南"，他们熬过了无数个不眠的夜晚，他们在船上躲着敌人的搜查，他们在文艺阵地发出了反抗的呼声。东北流亡文人面对着现实矛盾与历史遗留问题带来的身份危机，没有就此沉沦、迷失方向，而是透过这种焦虑、孤独与悲苦站立起来，寻找认同、重建身份。事实上东北流亡文人的这种身份建构也在一定程度上指明了他们前进的方向。东北流亡文人将自我投射到他们所创设的文化身份上，同时也将这些身份的意义和价值内化成为他们自身气质的一部分，从而使他们的主体感情与他们在文化世界里所占有的客观位置结合起来。这种主体情感与客观位置的结合，也对他们的文学创作产生了重要影响。

　　就东北流亡文人流亡书写的精神指向而言，包括民族意识的突出、生命意识的勃显、阶级意识的表现以及启蒙意识的兴发，这些都使东北流亡文人的流亡书写在特定的历史时期呈现出了独特的一面。总的来说，东北流亡文人流亡书写的精神底蕴是不屈与寂寞并存的，他们不断进行身份建构，企图从迷茫中寻求光明的未来。虽然就个人风格而言，东北流亡文人的书写具有多样性，但又在流亡的过程中凝结出很多共通之处——首先是以"抗日话语"为中心，凸显出来的强烈民族意识。其次是个人遭遇情感体验与雄强自由的生命意识结合在一起。再者是他们超越表层"左翼"标识而完成的对于救亡式启蒙的开拓和创新。东北流亡文人羁旅漂泊的情绪与国破家亡之后的流亡连接在一起，是个人性与民族性的统一，也是东北流亡文人流亡书写区别于其他流亡书写的独特之处，这些独特之处又在文本细部中表现为流亡意象、书写主题、典型人物塑造等方面。

虽然东北流亡文人的流亡书写仍旧有很多不足，比如对战争环境缺乏亲历性，缺少具有史诗性的长篇作品，对典型人物的塑造也有欠缺，但可以肯定的是，他们在思想的功利性与艺术的审美性方面仍旧做出了平衡。东北流亡文人的流亡书写较之东北抗战文学而言增添了更多的个人性，具有饱满的人格展现，从流亡书写当中，我们看到了东北流亡文人的心态有挣扎、有反叛，他们也是活生生的、有爱恨欲望的、不完美的人，但在时代的大背景下，他们又能够站在民族的文艺前线，牢记自己作为中国文人的使命；较之其他的流亡文学而言，东北流亡文人的书写与民族历史相遇，具有历史的价值和民族的强力。

　　东北流亡左翼作家在切身经历国破家亡和流离失所之后，描述了生命的流亡历程，记述了生民的苦痛灾难，发出了抵抗的呐喊呼叫，凸显了"救亡"与"革命"的时代主题。在忧郁的思乡情与热烈的抗争意志的共同作用下，他们站在了民族的文艺前线，将左翼的身份意义和价值诉求内化为自身气质的一部分，并将其与流亡者本身的感情结合起来，让小群体的流亡经历书写与民族集体性抗争的历史相遇，故而使他们的作品充满了深厚的民族情感与战斗的张力，更具有历史的价值与恒久的艺术魅力。

参考文献

▲　著作及文集

[1] 勃兰兑斯. 十九世纪波兰浪漫主义文学 ［M］. 北京：人民文学出版社，1980

[2] 勃兰兑斯. 十九世纪文学主流（第一卷）流亡文学 ［M］. 北京：人民文学出版社，1997

[3] 王岳川. 后现代殖民主义与中国 ［M］. 北京：首都师范大学出版社，2002

[4] 刘晓丽，叶祝弟. 创伤：东亚殖民主义与文学 ［M］. 上海：上海三联书店，2017

[5] 冈田英树，靳丛林译. 伪满洲国文学 ［M］. 长春：吉林大学出版社，2011

[6] 赫云. 乔伊斯流亡美学研究 ［M］. 南京：南京大学出版社，2014

［7］张泉. 殖民拓疆与文学离散："满洲国""满系"作家文学的跨域流动［M］. 哈尔滨：北方文艺出版社，2017

［8］周宪主编. 文学与认同：跨学科的反思［M］. 北京：中华书局，2008

［9］高翔. 现代东北的文学世界［M］. 沈阳：春风文艺出版社，2007

［10］沈卫威. 东北流亡文学史论［M］. 郑州：河南人民出版社，1992

［11］钱理群. 世纪心路［M］. 北京：生活·读书·新知三联书店，2014

［12］贺玉高. 霍米·巴巴的杂交性身份理论研究［M］. 北京：中国社会科学出版社，2012

［13］［美］爱德华·W. 萨义德著、单德兴译. 知识分子论［M］. 北京：生活·读书·新知三联书店，2016

［14］孙中田，逄增玉，黄万华，刘爱华. 镣铐下的缪斯——东北沦陷区文学史纲［M］. 长春：吉林大学出版社，1999

［15］东北现代文学史［M］. 沈阳：沈阳出版社，1989

［16］张泉. 抗日战争时期沦陷区史料与研究第1辑［M］. 南昌：百花洲文艺出版社，2007

［17］埃斯卡皮. 文学社会学［M］. 杭州：浙江人民出版社，1987

［18］皮埃尔·布迪厄. 艺术的法则——文学场的生成和结

构 [M]. 北京：中央编译出版社，2001

[19] [美] 爱德华·W. 萨义德，彭淮栋译. 格格不入：萨义德回忆录 [M]. 北京：生活·读书·新知三联书店，2004

[20] 彭卫. 历史的心镜——心态史学 [M]. 郑州：河南人民出版社，1992

[21] 张立群. 心态史的研究与进路 [M]. 桂林：广西师范大学出版社，2017

[22] 杨守森. 二十世纪中国作家心态史 [M]. 北京：中央编译出版社，1998

[23] 逄增玉. 黑土地文化与东北作家群 [M]. 长沙：湖南教育出版社，1995

[24] 萧红，萧军. 跋涉 [M]. 广州：花城出版社，1983

[25] 萧军. 人与人间：萧军回忆录 [M]. 北京：中国文联出版社，2006

[26] 中央档案馆，中国第二历史档案馆，吉林省社会科学院. "九一八" 事变（日本帝国主义企划档案资料选编）[M]. 北京：中华书局，1988

[27] 东北文献辞典 [M]. 长春：吉林文史出版社，1994

[28] 孟慧英. 论原始信仰与萨满文化 [M]. 北京：中国社会科学出版社，2014

[29] 张立群主编. 1931—1945 年东北抗日文学大系·第八卷散文卷 [M]. 哈尔滨：黑龙江大学出版社，2017

[30] 端木蕻良. 科尔沁旗草原 [M]. 南京：江苏文艺出版社，2010

[31] 端木蕻良. 初吻 [M]. 北京：华夏出版社，2011

[32] 李辉英. 李辉英文集 [M]. 北京：华夏出版社，2000

[33] 马蹄急. 李辉英研究资料 [M]. 沈阳：春风文艺出版社，1988

[34] 舒群. 舒群文集 [M]. 北京：华夏出版社，2000

[35] 萧红. 萧红全集 [M]. 哈尔滨：哈尔滨出版社，1991

[36] 萧军. 萧红书简 [M]. 上海：上海人民出版社，2015

[37] 董兴泉. 中国现代文学史资料汇编. 舒群研究资料 [M]. 沈阳：春风文艺出版社，1988

[38] 日本帝国主义侵华档案资料选编："九一八"事变 [M]. 北京：中华书局，1988

[39] 萧红. 旷野的呼喊 [M]. 昆明：云南人民出版社，2013

[40] 白朗. 白朗文集 [M]. 沈阳：春风文艺出版社，1985

[41] 罗烽. 罗烽文集 [M]. 沈阳：春风文艺出版社，1983

[42] 端木蕻良. 良友文学丛书·大江 [M]. 北京：中国国际广播出版社，2015

[43] 端木蕻良. 端木蕻良文集 [M]. 北京：北京出版社，1999

[44] 萧军. 萧军全集 [M]. 北京：华夏出版社，2008

[45] 何青志主编. 东北文学通史 [M]. 北京：中华书局，2017

▲ 期刊论文类

[1] 赵凌河. 东北现代文学研究的厚重积淀与新鲜开拓——读高翔的《现代东北的文学世界》[J]. 学术界，2009（4）

[2] 张立群. 舒群与萧红、萧军的交往述评 [J]. 文艺报，2017（9）

[3] 季红真. 萧红年谱 [J]. 新文学史料2014（8），2014（11），2015（2）

[4] 曹革成. 端木蕻良年谱 [J]. 新文学史料2013（2），2014（2），2014（5）

[5] 白朗年谱 [J]. 鸭绿江（上半月版），2014（8）

[6] 李辉英年谱 [J]. 鸭绿江（上半月版），2014（9）

[7] 萧军. 萧军日记·散步集 [J]. 鲁迅研究月刊，2007（12）

[8] 萧军. 萧军日记（1940）[J]. 新文学史料（萧军专辑），2007（8）

[9] 端木蕻良. 我的创作经验 [J]. 桂林《文学报》1期，1942（6）

[10] 张皓. 抗战时期毛泽东萧军关于鲁迅的看法与争论 [J]. 北京师范大学学报（社会科学版），2016（7）

[11] 徐塞. 评李辉英"九一八"以后及抗战时期的创作 [J]. 辽宁大学学报（哲学社会科学版），1988（6）

[12] 蔡宗隽、吕宗正. 李辉英和他的抗战文学创作 [J]. 社

会科学战线，1995

[13] 王培元. 抗战时期文学研究谈片 [J]. 中国现代文学研究丛刊，1987（12）

[14] 王培元. 对东北作家群小说创作的再认识 [J]. 社会科学辑刊，1989（8）

[15] 逄增玉. 新时期东北作家群研究述评 [J]. 文学评论，1990（8）

[16] 白长青. 抗日战争时期的"东北作家群"[J]. 辽宁大学学报（哲学社会科学版），2015（9）

[17] 丁帆、李兴阳. "流亡"文学群体的民族意识与生命意识——论"东北作家群"的乡土小说 [J]. 求是学刊，2007（3）

[18] 逄增玉. 流亡者的歌哭——论三十年代的东北作家群 [J]. 文学评论，1986

[19] 钱理群. 改造国民魂灵的文学——纪念鲁迅诞辰一百周年与萧红诞辰七十周年 [J]. 十月，1982，1

[20] 王富仁. 文学沧桑话端木蕻良小说论 [J]. 中国现代文学研究丛刊，2003（7）

[21] 王卫平. 端木蕻良小说的文学价值——纪念端木蕻良诞辰一百周年 [J]. 文艺争鸣，2012（9）

[22] 冯波. 抗战时期东北作家的流亡乡愁 [J]. 关东学刊，2016（5）

[23] 朱骅. 流亡文学的本体论思考 [J]. 江苏大学学报（社

会科学版），2015（11），17（6）

　　［24］付兰梅．东北流亡作家群的家国认同解析［J］. 长春理
工大学学报（社会科学版），2016（11）

　　［25］刘世杰．生命体验使诗歌永生——中国古代流亡诗人
现象试析［J］. 文学遗产，2004（03）

　　［26］牛河梁红色文化女神头像的发现与研究［J］. 文物，
1986.08

　　［27］傅朗云．中国文学的文化多元性——东北亚文化与中
国文学［J］. 文艺争鸣，1992（04）

　　［28］王宁．文学研究中的文化身份问题［J］. 外国文学，
1999（04）

　　［29］第24届世界哲学大会中文版哲学大会论文集［C］.
2018，8

　　［30］自我——一种现象学的陈述：时间性，主体间性，具身
性，Sara Heinämaa, Academy of Finland; University of Jyväskylä,
2018

　　［31］梁遇春．谈"流浪汉"［J］. 梁遇春代表作［M］. 北
京：华夏出版社，1999

　　［32］刘厚生．关于萨满教的界定、起源与传播［J］. 世界宗
教研究，1995

　　［33］周计武．流亡与认同［J］. 文艺理论研究，2007. 05

　　［34］魏洪丘．从流亡文学到审美化、地域化、民族化的多

元追求——中国现代乡土小说派的演变轨迹［J］. 2008. 12

［35］［美］朱蒂斯·A. 霍华德. 关于认同的社会心理学［J］. 周宪主编. 文学与认同：跨学科的反思［C］. 北京：中华书局，2008

［36］刘晓丽. 东亚殖民主义与文学［J］. 刘晓丽，叶祝弟主编. 创伤：东亚殖民主义与文学［C］. 上海：上海三联书店，2017

［37］Norman Smith. 伪满，真郁［J］刘晓丽，叶祝弟主编. 创伤：东亚殖民主义与文学［C］. 上海：上海三联书店，2017

［38］忧郁，受殖者的精神抵抗［J］. 刘晓丽，叶祝弟主编. 创伤：东亚殖民主义与文学［C］. 上海：上海三联书店，2017

▲ 学位论文类

［1］朱旭晨. 秋水斜阳芳菲度——中国现代女作家传记研究［D］. 博士学位论文，复旦大学，2006

［2］范庆超. 抗战时期东北作家研究（1931—1945）［D］. 博士学位论文，中央民族大学，2011

［3］郑兴. 流徙者的哀歌——舒群论［D］. 硕士学位论文，南京大学，2012

［4］孙硕. 东北流亡文学中的民族意识与民间日常书写关系的研究［D］. 硕士学位论文，重庆师范大学，2013

［5］胡志强. "东北作家群"小说民俗事象研究［D］. 硕士学位论文，辽宁大学， 2017